나를 사랑하지 않는 나에게

나를
사랑하지
않는
나에게

· 박진영 지음 ·

존중받지 못한 내 마음을 위한 심리학

시공사

들어가며

"어떤 사람들에게는 살아야 할 이유를 찾는 것부터가 큰 과제이다."

언제부턴가 머릿속에서 맴도는 말입니다. 개인적인 이야기입니다만 지난 책이 나오고 2년여 동안 건강이나 인간관계 등에서 불확실성을 크게 체험했습니다.

나락을 거치면서 새로운 깨달음을 얻었다는 흔한 이야기일 수도 있지만 덕분에 고통과 적응, 나 자신과 타인에 대한 이해, 삶과 스스로에 대한 너그러운 태도, 성숙 등에 대한 심리학 연구들을 좀 더 깊이 이해할 수 있게 되었습니다. 단순히 머리로 아는 것 이상으로 말이지요.

예컨대 예전에는, 사람은 살면서 한두 번쯤 큰 어려움을 겪게 되지만 이내 평정심을 되찾게 된다는 연구를 보며 "그래, 그럴 수도 있겠지"라고 별로 대수롭지 않게 받아들였습니다. 하지만 직접 그만 한 일을 겪어본 뒤로는 인간에게 이런 힘이 있다는 것이 새삼 소중하고 감사하게 느껴졌습니다.

또한 내 삶의 순탄한 흐름과 신체적 건강은 당연한 일이라고 생각했던 것과, 삶에서 어느 한 가지라도 잘못되었을 때 "어떻게 내게 이런 일이!"라며 억울해했던 것이 얼마나 겸손하지 못하고 현실적이지 못한 태도였는지도 깨닫게 되었습니다.

뿐만 아니라 인간의 한계에 대해서도 많이 인지하게 되었는데, 그러한 한계에도 불구하고 사람들이 삶을 살아내고 앞으로 나아 가기 위해 노력하는 모습을 보며 그것이 얼마나 가치 있고 멋진 일 인지 마음 깊이 느꼈습니다. 우리 모두가 '그럭저럭 살고 있다'는 사실은 정말 대단한 일임을 말입니다.

얼마간의 타지생활도 이전의 제 삶과 주변 사람들의 삶을 새로 운 관점으로 바라볼 수 있게 도와주었습니다. "이런 삶의 방식도 있구나. 꼭 그때 그랬어야만 했던 것은 아니구나" 하고 생각할 수 있게 되었어요. 반드시 옳은 것 또는 반드시 틀린 것은 존재하지 않는단 생각도 함께 말입니다.

이러한 시간을 보낸 뒤 이제는 마음이 많이 평화로워졌습니다. 모든 문제를 극복했다고 할 수는 없지만 예전보다 훨씬 여유롭고 덜 지치게 된 것 같아요. 뿐만 아니라 나 자신에 대해서, 또 나 자 신을 둘러싸고 있는 타인들과 세상의 불편함에 대해서 조금 더 편안한 마음으로 바라볼 수 있게 된 것 같기도 합니다.

이번 책에서는 이렇게 평범하지만 깊이 있는 삶의 이야기를 심리학 연구들과 함께 굽이굽이 풀어보고 싶었습니다. 쓰면서 저 스스로 많은 위로를 받았기에 개인적으로 참 감사한 책입니다. 모쪼록 이 책이, 결코 쉽지 않은 삶 속에서 버티고 서 있는 저와 독자 여러분들에게 복잡한 마음을 정리하고 새로운 출발을 할 수 있도록 돕는 디딤돌이 되었으면 하는 바람입니다. 우리 같이 힘내요.

박진영

차례

들어가며 5

Part 1

진짜
내 모습을
찾아

Part 1

진짜
내 모습을
찾아

나에 대해 어떤 착각을
하고 있는 걸까?

01

나 자신을 알기란 꽤 어려운 일
자기지각

주변에 늘 열심히 살던 사람이 하나 있었다. 분주하게 앞만 보고 달리던 그는 자신의 길이 무엇인지 정확히 아는 것처럼 보였다. 나는 그런 그를 건실한 청년 또는 삶을 참 알차게 사는 사람이라고 생각했다. 하지만 정작 그는 내게 "난 내가 왜 사는 건지 모르겠어"라는 말을 자주 했다.

모든 사람들이 부러워하는 직장에 다니는 사람도 있었다. 주변 사람들은 그가 정년까지 착실하게 회사에 다닐 거라고 예상했다. 하지만 그는 입사한 지 얼마 되지 않아 회사를 그만뒀다. 사람들은 그런 그의 결정을 이해할 수 없다는 시선으로 바라보았다.

그가 회사에서 나온 이유는 자기가 뭘 하고 있는 건지, 어떤 사람이 되어가고 있는 건지 알 수가 없기 때문이었다. 앞으로 계획이 어떻게 되냐는 질문에 그는 "글쎄. 아직은 잘 모르겠어. 하지만 지금보다 더 열심히, 더 바쁘게, 더 좋은 환경을 찾아 노력하면 답을 얻을 수 있지 않을까?"라고 말했다.

달리기 경주 끝에는 언제나 결승선과 화환, 박수와 환호가 기다리고 있다. 우리 인생도 달리기 경주처럼 앞만 보고 열심히 달리면, 언젠가 결승점에 도달하거나 적어도 조그만 행복이라도 얻을 수 있지 않을까?

그런데 열심히 살기로 세상에서 제일까진 아니어도 두 번째, 세 번째쯤은 될 것 같은 사람들이 그렇게 열심히 질주한 후에도 여전히 자신이 왜 사는 건지, 어디로 달려야 할지 모르겠다고 토로하는 것을 보니, 어쩐지 조금 허탈한 기분이 든다.

나를 알기란 두려운 일

혈액형 분류법 같은 성격 결정론에 매우 큰 관심을 보이는 사람들이 있다. 그런 사람들은 혈액형 분류법이 자신과 타인을 더 잘 이해하는 데 도움이 된다고 생각한다. 한국 사람들은 특히 이 혈액형 이야기를 좋아해서 서너 사람만 모이면 언제나 이 이야기를 빠뜨리지 않고 나눈다. "너는 무슨 형이니? 아, 어쩐지 OO해 보이더라."

우리들은 흔히 자기 자신을 알고 싶다고 이야기한다. 나는 어떤 사람인지, 내 삶의 이유는 무엇인지, 어떻게 살아야 하는지 등등. 하지만 이에 대한 답을 찾는 과정을 보면 정말로 그것을 궁금해하는 걸까 하는 의문이 들 때가 있다.

과연 혈액형으로 본 성격이 그토록 찾아 헤맸던 자기 자신에 대한 이야기를 해줄 수 있을까? 이와 비슷하게 어떤 삶이 좋은 삶인지에 대한 사회의 지침을 따라가다 보면 정말로 내 삶의 의미를 찾을 수 있을까? 우리는 자기 자신과 삶을 정말로 진지하게 마주하고 있는 걸까, 아니면 자신과 삶에 대해 '진짜로', '깊이' 알게 되는 것을 사실은 두려워하고 있는 걸까? 이 질문은 나 자신에게도 줄곧 던져온 것이기도 하다. "나는 정말 진지하게 나를 알고 싶은 걸까?"

우리는 언제나 자기 자신을 더 잘 알고 싶어 한다. 나는 누구인지, 내 삶의 의미는 무엇인지 말이다. 하지만 실제로 자기 자신을 깊이 들여다보는 일은 꽤 두려운 일이다. 릭 잉그럼Rick Ingram 등 다수 학자들의 연구에 의하면, 자신에게 일어난 일들에 대해 지나치게 집중하고 그 일들에 대한 생각에서 빠져나오지 못하는 사람들의 경우 그렇지 않은 사람들에 비해 우울이나 불안 수준이 높다고 한다.1 또한 일반적으로 '현실 감각'이 뛰어난 사람들이 그렇지 않은 사람들에 비해 우울 증상을 더 많이 보이기도 한다.

나 또한 한동안 주변에서 정해준 '나'라는 모습에 갇혀 지낸 적

어떤 삶이 좋은 삶인지에 대한
사회의 지침을 따라가다 보면
정말로 내 삶의 의미를 찾을 수 있을까?

이 있다. 그러다가 어느 순간 나 자신을 속이면서 살고 있다는 느낌과 그로 인한 극심한 피로를 맞닥뜨렸다. 그렇게 피로가 절정에 달하자 내가 꽉 잡고 있던 "나는 꼭 이래야만 해!"라는 강박적인 생각을 한 번에 놓게 되었다.

힘을 빼고 자연스럽게 지내다 보니, 밥을 5분 만에 씹어 삼키는 걸 좋아하는 줄 알았던 나는 사실 밥을 천천히 먹는 걸 좋아하는 사람이었다. 또 걸음이 빠른 편인 줄 알았지만 실은 걸음이 느렸고, 액션 영화를 좋아하는 줄 알았지만 잔잔한 영화에서 더 큰 감동을 받았다. 혼자 지내는 걸 두려워하며 늘 친구들과 함께 있어야 한다고 생각했던 내가 공원에 돗자리를 깔고 혼자 누워서 세상에 다시없는 행복감을 느끼기도 했다.

이런 경험들을 통해 나는 그간 내가 나 자신을 전혀 모르고 있었다는 사실과, 그동안 진정한 나 자신으로 살지 못했음을 가슴 깊이 깨달았다. 그리고 얼마 동안 충격과 낯섦으로 끙끙 앓았다.

이렇게 자기 자신을 제대로 마주하는 일은 쉽지 않다. 때로는 직면하고 싶지 않은 어두운 사실을 마주해야 하기도 하고, 자신에 대해 새로운 정보를 얻게 됨으로써 익숙한 자화상을 찢는 아픔을 견뎌내야 하기도 한다.

따라서 어쩌면 사람들은 자신을 진심으로 마주하고 깊이 알고 싶어 하기보다 자신을 '안다는 느낌'만을 얻길 원하는 것이 아닐까 하는 생각이 든다. 아니면 "내가 이런 것은 다 OO 때문이야"라며 쉬운 핑계를 찾아 헤매는 것은 아닐까? 그런 이유로 혈액형 성격 결정론 같은 누구에게 대입해도 들어맞는 이야기에 "맞아, 내가 딱 이래" 하고 동조하며 마음을 빼앗기는 것 같다. 예컨대 "당신은 때론 수줍지만 때론 대범하며, 모진 소리를 하기도 하지만 속마음은 여리고 상처도 잘 받으며… 자신감에 차 있을 때도 있지만 쉽게 흔들리기도 한다" 같은 이야기들 말이다.

하지만 아무리 그렇다고 해도 '나를 알기'는 아직 포기하기 이른 일이다. 이것은 삶을 사는 태도와 방향에 직결된 문제이기 때문이다. 따라서 조금 어려워도 각오를 하고 시도해보는 것이 좋지 않을까? 인생의 마지막 순간에 "평생을 살았지만 아직도 난 내가 누군지 모르겠어"라고 말하고 싶지 않다면 말이다.

물론 앞에서도 이야기했듯 굳이 자신을 알려고 하지 않으면 삶이 더 편안해질지도 모르겠다. '의미 찾기'와 관련된 어떤 연구에서는 직업적으로 큰 의미를 찾으려는 사람들이나 현실에 낙관적인 사람들이 그렇지 않은 사람들에 비해 직장 등 삶의 현장에서 쉽게 탈진할 수 있다고 밝힌다. 작은 업무들에서 큰 의미를 발견하고 싶어 하지만 그게 현실적으로 쉽지 않아서 좌절할 일이 많기 때문이다.[2]

그래도 한 가지 위안이 되는 사실이 하나 있다. 2002년에 발표된 로이 바우마이스터Roy F. Baumeister와 캐슬린 보스Kathleen Vohs의 연구 논문에 의하면, 의미를 찾아 헤매는 것은 정서적으로 괴로운 과정이지만 그 과정을 어느 정도 거치고 나면 훨씬 안정적인 정서를 유지하게 된다고 한다.3 태풍이 지나고 난 뒤 고요한 바다를 맞이하는 기쁨은 태풍을 겪어본 사람만이 안다는 것과 비슷한 맥락이 아닐까?

내면의 민낯을 바라보자

틈만 나면 자신이 나이와 지위에도 불구하고 얼마나 탈권위적이고 쿨한 사람인지 떠벌리는 사람이 있었다. 그는 언제나 자기 앞에서는 편하게 행동해도 되고, 의견도 자유롭게 이야기하라고 말했다. 하지만 정작 중요한 순간에는 "그래도 네가 여자니까 이렇게 저렇게 했어야지!"라든가 "머리에 피도 안 마른 게 감히!" 같은 말을 남발했다. 뿐만 아니라 자기 의견이 반박당하면 얼굴색이 붉으락푸르락해지기 일쑤였다.

그럼에도 그는 계속해서 '탈권위적이고 쿨한 나'라는 확고한 자기지각에 들어맞는 정보들만을 쏙쏙 모았다. 또 자기지각에 들어맞는 아주 사소한 일들, 예컨대 담배 피우는 여자를 보고 혀를 차지 않은 일 등을 두고 크게 으스대는 일을 반복했다.

그리고 권력을 남용하는 등 자기지각을 배반하는 일 앞에서는 "나같이 탈권위적인 사람을 화나게 하다니, 그니까 넌 나쁜 놈이야"라는 태도로, 여전히 기존의 자기지각을 지켜나갔다.

그렇다면 자기 자신에 대해 생각할 때 가져야 할 바람직한 태도는 무엇일까? 먼저 자기 자신을 사랑하고, 자신의 모자람, 또는 부족함을 잘 알고 인정할 줄 알아야 할 것 같다. 내면의 불청객 같은 부분까지 끌어안을 수 있도록 말이다.

미국의 코미디언 루이스 C. K.는, 의도했든 아니든 사람은 누구나 살면서 한 번쯤 다른 사람에게 나쁜 놈이 될 수 있기 때문에 언제나 그 가능성을 인정하고 살아야 한다는 말을 했다. 아무리 스스로 "나는 나쁜 놈이 아니야"라고 자기 암시를 해도, 그건 애초에 '나 자신'이 정할 수 있는 게 아니라고 말이다.

이렇게 아주 현실적인 가능성을 마음에 두면, 혹시라도 의도치 않게 내가 누군가에게 나쁜 놈이 되었을 경우 그것을 인정하고 먼저 사과할 수 있을 것이다. 나의 부족을 인정하는 편이 "나는 완벽해!", "나는 100퍼센트 선한 사람이야!"라고 하며 비현실적인 자기지각에 빠진 채 밑도 끝도 없이 자기애를 이어가는 것보다는 훨씬 나을 것이다.

어쩌면 우리가 "나는 OO한 사람이다" 또는 "나는 절대 OO하지 않다"는 등의 모습을 남들에게 보이기 좋아하고 인정받기 좋아하는 이유는, 사실 우리가 그런 모습과 반대되는 습성을 가졌기 때문일지도 모르겠다.

나는 종종 "나 자신에 대해 어떤 착각을 하고 있는 걸까?"라는 질문을 떠올리며 두려움에 빠질 때가 있다. 그리고 언제나 내가 생각하는 나 자신의 모습이 모두 환상일지도 모른다는 생각을 한다. 그런데 이러한 두려움은 지극히 인간적인 감정일 것이다. 또 인간다운 인간이 되어감에 있어서 인간적인 두려움을 지닌다는 것은 꽤 긍정적인 일이다. 그런 두려움이 더 솔직하고 냉철하게 자기 자신을 알도록 도울 것이기 때문이다.

02

겉모양 말고 속을 보세요
'실제 나'와 '진정한 나'

"당신은 누구인가?" 이런 질문을 받으면 우리는 각각 어떤 대답을 할까? 어떤 사람들은 누구의 아들/딸, 근무지나 학교, 소속, 나이, 성적, 기타 스펙 등 객관적인 조건들을 나열한다. 또 어떤 사람들은 "나는 호기심이 풍부하고 끊임없이 배우기를 좋아하는 사람이에요", "따뜻한 마음으로 사람들과 교감하는 것을 좋아하는 사람이에요", "주관이 뚜렷하고 항상 확신에 차 있는 사람이에요" 등등 내적 특성을 이야기한다. 당신도 이 두 가지 방법으로 각각 자신을 소개해보라. 둘 중 어느 쪽이 자신을 더 잘 설명한다고 생각하는가?

소속이나 스펙 등의 조건은 '나'라는 사람을 설명하는 데 있어 분명히 아주 중요하다. 하지만 명심해야 할 사실은 이런 것들이 나 자신에 대한 '전부'이거나 '핵심'은 아닐 때가 많다는 것이다. 사회와 타인이 나에게 부여한 역할과 기대가 나라는 사람을 온전히 설명할 수 있는 것은 아니다.

그런 이유 때문에 줄줄이 나열할 객관적 정보들이 있어도 "나는 여전히 내가 누구인지 모르겠어" 같은 말들이 나오는 것 아닐까?

어떤 게 진짜 내 모습일까?

심리학자들은 주변의 기대 같은 외적 압력이나 지금까지 살아온 관성에 의해 형성된 자신의 모습을 '실제 나actual self'라고 부른다. 그리고 '실제 나'와 상관없이 정말로 나라고 생각하는 모습을 '진정한 나true self'라고 부른다.

예를 들어, 관심도 없고 하고 싶지도 않지만 주변 사람들에게 등 떠밀려서, 또는 나쁘게 보일까 봐, 비난을 받을까 봐 어떤 일을 성실하게 하고 있는 모습이 바로 '실제 나'다. 무던하지 못하고 까칠하다는 소리를 들을까 봐 아무런 의견도 내지 못한 채 억지로 하기 싫은 일을 하고 있는 모습을 떠올려보자. 뿐만 아니라 정말로 하고 싶은 일, 이루고 싶은 꿈이 있는데도 현실적인 제약 때문에 일찌감치 포기하고 살아가는 모습도 '실제 나'의 모습이라고 볼 수 있다.

이런 모습들은 자기 자신의 '실상'이다. 마음속에 어떤 꿈을 품고 있고 어떤 것을 좋아하는지, 어떤 가치관과 성격을 가지고 있는지보다는 현실적 제약이나 외압에 의해 하루하루 연출하고 있는 내 모습들 말이다.

이와 다르게 '진정한 나'는 현실에 드러나는 자기 모습과는 상관없이 정말로 원하고 추구하는 것이 무엇인지, 진정한 나의 모습은 무엇인지 물었을 때 답으로 내놓을 수 있는 모습이다. 보통 자기 자신을 알고 싶다는 말은 이 '진정한 나'를 찾고 싶다는 말과 같다.

한 가지 유의할 점은 '진정한 나'가 우리가 찾아 헤매는 '진짜 나'라는 말이 '실제 나'가 '가짜'임을 뜻하지는 않는다는 것이다. '실제 나' 역시 나를 구성하는 중요한 조각들로 나에 대한 중요한 정보들을 전달한다. 다만 중요한 사실은 그것만이 나의 '전부'가 아니라는 것이며, 그것은 자아를 구성하는 여러 조각들 중 비교적 표면적이고 가변적인 존재라는 것, 또 나를 둘러싼 주위 환경과 각종 사회적 압력들이 일궈낸 껍데기 또는 처세에 가깝다는 것이다.

따라서 아무리 중요한 정보라고 해도 그것만으로는 내가 내 삶의 '주체'라는 느낌을 받기 어렵다. 내가 내면에 어떤 선호, 취향, 느낌, 의견, 성격, 가치관, 목적 등을 가지고 있는지 알지 못하면 여기저기 휩쓸리는 것 같은 느낌, 열심히 살면서도 어딘가 늘 불안하고 공허한 느낌에 빠져들기 쉽다. 마치 겉은 훌륭하지만 정작 운전

대가 없는 차에 앉아 있는 것처럼 말이다.

실제로 레베카 슐레겔Rebecca Schlegel과 동료들의 연구에서는 '실제 나'를 얼마나 잘 아느냐보다 '진정한 나'를 얼마나 빠삭하게 알고 있느냐의 여부가 삶의 의미감을 좀 더 잘 예측하게 한다고 밝혔다.[1] 다시 말해 '진정한 나'에 대해 더 많이 생각해보고 "그래, 난 이런 사람이야!" 같은 느낌을 가져본 사람들이 그렇지 않은 사람들에 비해 좀 더 "내 삶은 의미 있어! 충만해!" 하고 느낀다는 것이다.

나 자신과 친해지기

한 가지 안타까운 사실은 한국인들은 미국이나 유럽 등 서구사회 사람들에 비해 '자신이 아닌 무엇'으로 자신을 온전히 규정하는 경향이 더 많다는 것이다. 한국인에게 자신이 어떤 사람인지 물으면, 자기가 가진 안정적인 내적 특성 또는 '진정한 나'에 대해 이야기하기보다 주어진 소속이나 역할, 스펙 등으로 자신을 나타내고, 심지어 그게 자신을 설명하는 전부라고 생각하는 경우가 비교적 많다는 연구도 있다.[2]

혈액형 성격론으로 자신을 설명하는 것도 이러한 예에 속한다. 이 경우는 자신에 대한 진짜 이해가 아니라 이해한 것 '같은' 느낌만을 붙잡는 것이다. 실제 연구에 의하면 혈액형과 성격 사이에는 어떠한 연관성도 없다. 다만 혈액형 성격론을 강하게 믿는 사람들은 정말 그렇게 변할 가능성이 있다는 발견은 있다.3

예컨대 "A형은 소심해"라는 설을 강하게 믿고 있는 A형 사람이 있다고 해보자. 그는 자기 성격이 소심한 건 A형이기 때문이라고 변명하면서 더 자주 소심하게 행동한다. 그러면 주변 사람들도 "너 A형이라더니, 정말 소심하구나" 같은 반응을 하게 되고, 결국 A형은 소심하다는 것이 기정사실이 되고 마는 것이다. 강한 믿음은 긍정적인 것이든 부정적인 것이든, 관련된 행동을 직·간접적으로 강화시키며 예언된 바를 실현시키는 경향이 있다. 이렇게 엉뚱한 것들에 기대어 나를 찾으려고 해봤자 결국 돌아오는 것은 스스로를 잘 모르겠다는 느낌뿐일 것이다.

이렇게도 한번 생각해보자. 만약 내가 어떤 사람에 대해 나이, 성별, 직업만을 알고 있고 내면에 어떤 생각과 느낌을 가지고 있는지 전혀 알지 못한다면, 나는 그 사람을 잘 안다고 할 수 있을까? 또 그 사람과 친한 사이라고 자신 있게 이야기할 수 있을까? 아마 친한 사이도 아니고 존재를 알기만 할 뿐이라고 생각할 것이다. 자기 자신에 대해서도 마찬가지다. 스스로의 내면세계를 깊이 깨닫기 전에는 평생을 살아도 자기 자신과 서먹할 수밖에 없다.

한편 사람들은 흔히 누군가와 오랜 시간을 함께하면 당연히 그 사람을 더 잘 알게 될 거라고 생각한다. 하지만 데이비드 케니David Kenny와 동료 학자들의 연구는 의외의 결과를 이야기한다. 어떤 사람을 알고 지낸 시간과 그 사람을 잘 아는 것 사이에는 큰 연관성이 없다는 것이다.4 생각해보면 오랫동안 함께 지낸 가족의 경우에도 요즘 무슨 생각을 하면서 사는지, 집 밖에서는 어떤 모습인지 전혀 모르는 경우가 많다. 이렇게 자기 자신이든 타인이든 사람에 대해 안다는 것은 생각보다 끊임없는 '노력'이 필요한 일이다.

땅 위의 물고기처럼

사람들이 진정한 자기 모습이 아닌 다른 모습으로 스스로를 규정하고 그로부터 오는 공허함에 시달리게 된 것은 우리 사회가 그런 분위기를 조성했기 때문이기도 하다. 한국 사람들은 보통 "당신을 행복하게 해주는 것은 무엇입니까?", "당신이 절대 포기할 수 없는 가치는 무엇인가요?"라는 질문을 받으면, 순간 멍해지거나 그런 것에 대해 생각해본 적이 없다고 토로한다. 그리고 무엇보다 "지금까지 그런 질문을 받아본 적이 없다"는 반응을 보인다.

'20대에 하지 않으면 후회할 20가지', '여자라면 반드시 가져야 할 태도' 등등 우리 사회는 네 나이가, 성별이, 소속이 OO이면 '당연히' OO해야 한다고 말한다. 원하는 게 뭔지, 어떤 삶을 살고 싶은지에 대한 질문 대신, '올바른' 길을 강요하고 그곳으로부터의 이탈은 '낙오'임을 주입시키는 것이다.

모든 사람들에게 똑같이 100미터를 10초 안에 달리는 것을 미션으로 주고 훈련시킬 뿐, 그들 중에 물에서 더 빠른 물고기가 있을 수도 있고 하늘에서 더 빠른 새가 있을 수도 있다는 사실은 중요하지 않게 생각되고 있는 것 같다. 이런 분위기 속에서 사람들은 자연스럽게 자신에 대해 묻고 자기 민낯을 진지하게 마주할 기회를 놓쳐버린다. 자기가 물고기인 줄도 모르고 땅 위에서 아등바등하며 살다가 끝내 물속으로는 들어가 보지도 못한 채 평생을 좌절과 절망 속에 살게 되는 것이다.

무서운 마음의 소리

진정한 자신을 찾는 여정을 낭비라고 생각하는 분위기 또한 우리의 존재를 탐구하는 데 방해가 된다. 특히 즐거운 일을 하거나 휴식 시간을 가질 때, 자기계발을 하기에도 바쁜 시간에 뭐하고 있는 거냐고 다그치는 소리가 많이 들린다. "그럴 시간에 차라리 OO을 하는 게 더 남는 일이겠다", "으이그, 이 한심한 사람아"와 같은 상상 속의 잔소리 말이다. 이는 바로 우리 머릿속에 일반화된 타자, 즉 가상의 '그놈 목소리'라고 할 수 있다.

생각에 잠기거나 혼자만의 독특한 취미생활을 하는 등 사회에서 바람직하지 않다고 여기는 행동을 할 때, 우리는 실제로 우리를 다그치는 이가 아무도 없어도 이미 마음의 소리로 들려오는 타인의 비난을 의식하며 스스로 죄책감을 느낀다. "잠깐 멈추는 순간 삶은 의미 없어지고 도태되어버릴 거야"라는 무서운 소리가 내면에서 흘러 나오는 것이다.

그 결과 사람들은 스스로 즐거움을 끊어버린다. 심리학자 프레드 브라이언트Fred Bryant는 사람들이 행복감을 느끼고 있을 때 "지금 이러고 있을 때가 아닌데…"라며 다급하게 즐거움을 끊어버리는 다소 기이하지만 흔한 행동들을 '즐거움을 끊는 사고방식 killjoy thinking'이라고 불렀다.[5] 예를 들어 친구들과 즐거운 대화를 하고 있는 도중에도 "밀린 일이 있었는데, 뭐였더라" 하고 막연한 불안감에 시달린다든가, 즐거운 영화나 공연을 감상하는 동안에 습관적으로 시계를 본다든가, 신나게 놀고 난 뒤 알 수 없는 공허함과 불안함에 시달리며 자책한다든가 하는 행동들 말이다.

03

정말 고생 끝에 낙이 오나요?

강요된 희생

사람들은 행복해지고 싶다고 이야기한다. 지금 고생하는 이유는 행복해지기 위해서라고도 이야기한다. 하지만 정작 그 행복이 손에 쥐어졌을 때, 그것을 마음껏 누리기보다 습관처럼 죄책감에 시달리며 자기 손으로 행복을 치워버린다면, 어렵게 찾아온 그 행복을 진정으로 누릴 수 있을까?

'Seize the day'라는 말처럼 행복은 결국 순간순간의 기쁨을 최대한 누리는 것으로부터 온다. 실제 연구에 의하면 '음미하기'를 잘하는 사람들, 즉 긍정적 정서를 최대한 '길게' 늘여 충분히 즐길 줄 아는 사람들이 그렇지 않은 사람들에 비해 행복하다고 한다.[1] 행복의 비결이 이러한데, 일상의 작은 기쁨을 느끼는 데에도 눈치를 보고 마음을 졸인다면 과연 행복해질 수 있을까?

피로 권하는 사회

늘 무언가에 쫓기듯 한 순간도 맘껏 즐거워하지 못하는 사람들의 행복도는 실제로 낮은 수준이다. 예컨대 짐바브웨 같은 생존을 위협하는 여러 악조건에 시달리는 국가들과 한국의 행복도가 비슷한 것은 어쩌면 이런 이유 때문인지도 모르겠다.[2] 한국 사람들이 느끼는 눈치와 죄책감, 즐거움의 박탈은, 마실 물과 음식의 절대적 부족으로 인한 가장 근본적인 괴로움이나 공포와 비슷한 수준으로 사람을 불행하게 만드는 것이 아닌지 생각해볼 수 있겠다.

이와 비슷하게 일반적으로 사람들은 삶에서 즐거움을 많이 느낄수록 자기 삶에 '만족'한다고 응답하는 경향이 나타난다. 하지만 한 연구에서는 한국 사회에서는 이런 경향이 비교적 덜 나타난다고 밝힌다.[3] 즐거움이 낭비라는 생각이나 좀 더 생산적인 일을 해야 한다는 압박감이, 우리의 삶에서 즐거움보다 피로감의 영향력을 더 크게 만든 것은 아닐까?

우리 사회는 피곤한 삶이 의미 있는(다른 사람 또는 사회가 의미 있다고 인정해주는) 삶이라고 강요하면서 서로에게 피로를 권하고 있는 것만 같다. '무엇을 위해' 노력하는지는 잊은 채 그저 애만 쓰는 상황이 되어버린 것이다. 실제로 시카고대학교의 심리학자 크리스토퍼 시Christopher Hsee의 연구에서는, 사람들이 어떤 일을 마무리하는 시점이 목표를 달성한 때가 아니라 지쳐 쓰러진 때인 경향

이 있음을 밝혔다.[4]

　이렇게 즐거움의 발견이 허용되지 않은 채 피로만 권하는 사회에서는 인생을 수십 년 살아도 자신이 좋아하는 것이 무엇인지, 언제 살아 있음을 느끼는지 당연히 잘 모를 것이다. "당신이 좋아하는 것은 무엇입니까?"라는 아주 간단한 질문이 세상에서 가장 어렵고 당황스러운 질문인 것 또한 같은 이유에서일 것이다.

　현실은 이러하지만, 삶의 즐거움을 찾는 일은 절대로 낭비가 아니다. 우리가 그토록 원하는 행복한 삶이란, 결국 삶이라는 하나의 큰 그릇이 불행보다 행복으로 더 많이 차 있는 삶이다. 다년간 이루어진 연구에 의하면, '행복의 비결'은 무언가 엄청나게 큰일을 해냈거나 해내지 못한 데 있다기보다 즐거움을 느끼는 작은 순간들이 삶의 시간을 촘촘히 채우고 있는가 아닌가에 달려 있음이 밝혀졌다.

　행복한 삶이란 죄책감이나 막연한 불안감 없이 있는 그대로 즐거움을 느끼면서 자신의 참모습을 발견해나가는 과정이다. 즉 삶의 의미감을 추수해가는 것이다. 실제로 맘껏 즐거워할 줄 아는 사람들이 그렇지 않은 사람들에 비해 자신의 삶이 공허하지 않고 의미 있다고 생각한다는 연구도 있다.[5]

　또 이런 스펙을 쌓고 저런 성공을 하면 행복해진다는 둥, 세상은 모든 사람의 행복을 다 같은 모양으로 가정하고 정해진 길을 제시한다. 하지만 우리들 각자가 행복을 느끼는 지점은 너무나 다양하다. 때문에 나만의, 내 인생에서의 소소한 즐거움이 무엇인지 발견하지 못한 채 무작정 남이 좋다고 하는 것만 좇는다면 아마 행복은 먼 나라 이야기가 될 것이다.

즐거움은 나쁘고 희생은 착한 걸까?

앞에서 얘기했듯 세상은 때때로 즐거움보다 고통을 권한다. 과로나 피로를 성취로 둔갑시키기도 하고, '아프니까 청춘'이라고 하며 고통이 당연한 것이라고도 얘기한다. 또 아등바등 살아야만 제대로 살고 있는 거라고도 이야기한다. 그런 고통들이 어디에서 온 건지, 왜 견뎌야만 하는지는 외면한 채 그냥 '원래' 그렇게 사는 게 좋은 것이라고만 말한다.

물론 아무리 좋아하는 일이라도 괴롭고 짜증나는 일은 따라오기 마련이고, 삶의 일정 부분은 언제나 고통일 수밖에 없다. 하지만 이런 것들은 가급적 줄이고 극복해나가야 할 것들이지, 누구나 겪어야 할 통과의례라고 여기거나 고통이 있었기에 행복해질 수 있었다는 식으로 미화하거나 그것을 겪지 않은 이들을 비난하는 것은 바람직하지 않다.

내가 심하게 아팠을 때의 일이다. 당시 엄마는 여행을 앞두고 있었는데, 딸이 아프다는 것이 조금 걸리셨던 모양이다. 생각 끝에 엄마는 "희생하고 참는 것만 해온 사람들은 결국 화병 나더라. 엄마가 네 몫까지 즐겁게 다녀와서 좋은 에너지를 전해줄게"라고 하셨다. 엄마가 즐겁고 건강하니까 딸도 금방 건강해질 수 있을 거라고 말이다.

그때 나는 뭘 새삼스럽게 이런 얘길 하시나 생각했지만, 한편으론 참 지혜롭고 용감한 엄마를 두어서 다행이라는 생각도 들었다. 엄마라는 이유로 당연한 듯 자기 삶을 박탈당하고 가족과 상관없는 자기만의 즐거움을 추구하는 데에 죄책감을 느끼는 경우를 많이 보았기 때문이다.

특히 자녀가 아플 경우 죄책감을 갖는 엄마가 많다. 아이가 아픈데 엄마가 어딜 쏘다니느냐고 비난하는 경우도 있을 것이다. 하지만 자녀를 일부러 아프게 하지 않은 이상, 엄마가 왜 죄인이 되어야 하는 걸까? 그렇지 않아도 이런 때 제일 무너지기 쉬운 사람이 엄마인데 말이다.

하지만 우리 사회에서는 엄마들을 자유롭게 내버려두지 않는 것 같다. 행복을 추구할 권리가 있는 하나의 사람이기 이전에 '엄마라면 OO해야만 한다'라는 답을 정해두고 그 프레임에 엄마들을 몰아넣는다. 출산에 대한 강요, 자연 분만이나 모유수유 등에 대한 지나친 간섭이 아무렇지도 않게 행해진다. 또 출산으로 인한 경력 단절의 문제도 당사자가 당연히 희생해야 하는 것으로 몰아붙인다. 이렇게 우리 사회는 한 개인을 '좋은 엄마' 또는 '나쁜 엄마'로 취급할 뿐, 행복할 권리가 있고 자신의 삶을 살 권리가 있는 하나의 인격으로서 존중하지 않는다. 마치 생물 계통수상 인간 옆에 엄마라는 별도 카테고리가 있는 것처럼 말이다.

최근 〈성격 및 사회심리학 저널Journal of Personality and Social Psychology〉에 실린 한 연구에 의하면, 사람들은 실제로 아빠에 비해 엄마를 더 깊고 더 영속적이며 더 '실제적인' 카테고리로 취급한다고 한다. 그리고 연구자들은 같은 양육자임에도 불구하고 아빠보다 엄마를 더 구체적이고 실제적인 것으로 여기는 이러한 인식 때문에 여성들에게 양육의 부담이 가중될 가능성이 있다고 보았다.6

또한 우리는 흔히 아이들에게는 엄마가 필요하다는 이야기를 한다. 여기서 아빠의 중요성은 차치하더라도, 아이들에게 정말로 필요한 것은 '행복한' 엄마라는 사실을 기억하자. 많은 심리학 연구들이 엄마가 불행할 때 아이도 불행해지기 쉽다는 사실을 보여준다.

엄마(양육자)에게 '자신의 삶'이 있을 때 아이들도 행복해질 가능성이 높다. 학술지 〈플로스원PLOS ONE〉에 실린 연구에 의하면 '자식이 삶의 많은 부분을 차지하는 부모일수록' 자식을 통해 만족을 실현하려는 의지가 높다고 한다.7 억눌린 욕망은 뒤틀린 방향으로 출구를 찾기 마련이다. 즉 자신의 삶을 갖지 못한 불행한 양육자라면 자식과 오랜 시간을 공유하는 것이 반드시 좋은 교육으로 이어지는 건 아니라는 것이다. 이는 또 다른 양육자 또는 사회의 직무유기가 만들어낸 잘못된 환상이다.

당연한 희생은 없다

엄마뿐 아니라 학생, 직장인 등 다양한 역할들 또한 의무와 희생만을 지나치게 강요당한다. 세상은 그들을 시험대에 올려 평가를 해대면서 '제대로 된 OO'이 되려면 어떻게 해야 하는지 주입식 교육을 시킨다. 반면 행복에 대한 권장사항은 무척 짜다. 실제로 에드 디너Ed Diener 등의 연구에 의하면, 우리 사회에서는 행복한 사람을 '이기적'이라고 보고 행복에 대해 바람직하지 못하다고 생각하는 경향이 두드러진다고 한다.[8] 그리고 그 끝에는 괴로움을 느끼며 "열심히 살았지만 난 아직도 내가 왜 사는지 모르겠어"라고 말하는 사람들이 서 있다.

'자발적인' 희생은 아름답지만, '타의'에 의한 희생은 착취다. 희생을 당연하게 여기며 희생하지 않는 사람을 비난하는 것 역시 마찬가지다. 또한 고통을 꾹 참으며 하기 싫은 일을 하는 것보다 스스로 너무 즐거워서 몸과 마음을 자발적으로 움직이는 쪽이 더 자연스러운 모습이다.

그런 의미에서 개인적으로 남편과 이런 다짐을 자주 한다. "서로를 위하되 자기 자신을 버리지는 말자." "우선 각자의 인생을 갖자." 자신의 꿈과 행복을 챙긴 온전한 개인이 모여야 비로소 행복한 둘이 될 테니까 말이다. 힘들 때는 서로 돕되 서로의 희생을 알아주고 그것을 당연시하지 말자.

사실 이런 것들은 무척 기본적인 것들이다. 그럼에도 사회의 압력 속에 개인의 희생을 당연시하고 인간의 기본적인 욕구를 이기적인 것으로 모는 모습들은 정말 안타깝기 짝이 없다.

04

나 이렇게나 힘들었다고!
보상심리와 피해의식

흔히 아픈 만큼 성숙해진다고 한다. 어떻게 보면 맞는 이야기일 수도 있지만 그래도 항상 그런 것은 아니다. 고통은 곪은 상처를 남기기도 한다.

한 선생님께 이런 이야기를 들은 적이 있다. 선생님은 그간 지독하게 공부를 한 사람들을 많이 보았는데, 그중에서 종종 "내가 그렇게 힘들었는데 이 정도는 받아야지"라는 식의 보상심리와 "난 역경을 극복해낸 사람이라고!"라는 식의 인정욕구, 그리고 "내가 그렇게 고생했는데 너도 한번 당해봐야지"라는 식의 태도를 갖게 된 사람들이 있었다는 것이다.

그리고 선생님은 이렇게 덧붙이셨다. "그런 아이들은 남들도 자기처럼 독하게 살아야 한다고 얘기해. 그런데, 왜? 힘들이지 않고 살 수 있다면 그게 더 좋은 거잖아. 독한 거랑 강한 건 엄연히 다른데 말이야."

인상적인 말씀이었다. 이렇게 특히 주위의 도움 없이 혼자 고통을 겪게 되었을 때, 우리는 독해지다 못해 독을 주변에 뿜는 사람이 되기도 한다. 상처 위에 새 살이 돋아 좀 더 성숙해지기보다 지독한 외로움과 억울함 속에 마음이 곪아버리기도 한다.

꼭 고생해야 할까?

살면서 우리는 다양한 고난을 겪는다. 그리고 고난을 겪는 과정 역시 제각각이다. 주변 사람들의 도움과 지지를 받고 감사함을 느끼며 어려움 속에서도 희망을 얻는 경우가 있는가 하면, 철저히 무시를 당하고 버림받으며 앞이 보이지 않는 고통을 느끼는 경우도 있다.

이렇게 후자의 경우처럼 누군가에게 고통을 호소할 수도 없고 호소한다 하더라도 끝내 그냥 참으라는 반응을 얻는 등, 힘든 일을 통해 최종적으로 '억울함'과 '버림받은 느낌'만을 받게 되면 강한 '피해의식'이 남기 쉽다. 그리고 이럴 때 우리는 고난을 통해 성취하는 것 못지않게 많은 문제를 안게 된다.

언뜻 생각하면 이런 일을 경험한 사람들은 누구보다 억울함과 아픔을 잘 알기 때문에 다른 사람들의 아픔도 잘 헤아리고 도움도 잘 줄 것 같다. 하지만 심리학자 에밀리 지테크Emily Zitek[1]와 마시 노르Masi Noor[2] 및 다양한 학자들의 연구에 의하면 그렇지 않은 경우도 많다고 한다.

이들의 연구에 따르면 억울함과 피해의식을 갖게 된 사람들은 다른 사람들에 대해 무차별적 분노를 갖기 쉽다. 그리고 "나도 당했으니까 너도 당해야 한다. 그게 공평하다"는 일종의 복수심을 보이는 경향 또한 나타난다. 고난을 이겨낸 자신을 긍정하고 이상화하는 과정에서 고난 자체를 '꼭 필요했던 일'로 포장하는 동시에 남들도 다 그렇게 고생해야 한다고 주장하기도 한다.

예컨대 한 조사 결과에 의하면 물리적인 체벌을 받으며 자란 사람들, 즉 맞고 자란 사람들일수록 체벌에 찬성하며, 체벌을 해야만 인간이 된다고 생각하는 경향을 보인다고 한다(여러 연구들에 의하면 물리적 체벌의 효과는 단기적이고 부작용이 훨씬 많으며 장기적인 교육 효과는 미약하다).[3]

자신이 겪은 고생이 사실은 전혀 의미 없는 것이었으며 그 고생을 이기기 위한 몸부림 또한 괜한 것이었음을 인정하는 일은 쉽지 않다. 또한 '의미'란 붙이기 나름이기 때문에 자신의 자존감을 지키기 위해서라도 어떤 식으로든 긍정적으로 해석하려 하기 마련이다. 이렇게 사람들은 고통을 통해 성장하는 것 못지않게 이를 미화하고 대물림하려는 경향을 보인다.

주변에 어렸을 때부터 유독 많이 맞고 자란 한 사람이 있었다.

그 사람은 걸핏하면 "말을 안 들으면 패야 한다"는 말을 내뱉었다. 그는 자기가 맞고 자라면서 무언가 얻은 게 있을 거라고 무의식적으로 믿으면서 필사적으로 자기의 과거를 합리화하고 싶어 했다. 자기도 분명 맞는 게 싫었을 텐데 참 모순적인 모습이다.

한번은 그가 요즘 반려견이 말썽이라는 주변 사람의 고민에, 찍소리 못 하게 반려견을 때려주라고 얘기하는 걸 들었다. 나는 그 말에 욱해서는 "때리면 상처만 받고 성격만 나빠질 뿐이야. 너는 맞는 게 즐거웠니? 그래서 행복해졌어?"라고 말해버렸다. 그랬더니 그는 어쨌든 사람이나 개나 때려서 고분고분하게 만드는 게 답이라고 말하며 화를 냈다. 어쩌다 그렇게까지 생각하게 되었는지 참 안타까운 일이다. 어렸을 때 체벌을 당한 사람들이 그렇지 않은 사람들에 비해 더 높은 비율로 체벌을 찬성한다는 조사 결과가 새삼 슬프게 느껴졌다.

내가 고생한 만큼

피해의식은 합리화/이상화를 끌어낼 뿐 아니라 공격성 또한 높인다. 한 연구에서는 피해의식이 사람들로 하여금 "내가 여기까지 어떻게 올라왔는데!"라며 자기 앞을 가로막는 자를 가만두지 않겠다는 태도를 갖게 한다고 밝혔다. 또 다른 사람에게 실제로 공격적인 행동을 했을 때 "나는 고생했으니까 그래도 돼. 그럴 자격이 충분해"라고 생각하며 자신의 잘못을 합리화하는 현상도 나타난다.[4]

이렇게 한때 엄청 억울했던 사람들이 보상심리와 함께 이기적이고 무자비한 사람이 되는 현상이 존재한다. 흔히 이야기하듯 억울하게 뺨을 맞고 와서는 애꿎은 (자기보다 더 약한) 사람들에게 화풀이하는 현상이 실제로 존재한다는 것이다. 군대에서, 직장에서, 가정에서 각종 가혹행위가 대물림되는 데에 일부 이러한 메커니즘이 작용한다. 고생 끝에 얻은 것보다 잃은 것이 더 많았을지도 모르지만 "그래도 그게 옳다"면서 "너희들도 똑같이 겪어야 한다"고 이야기하는 많은 경우들에도 일부 이런 피해의식이 숨어 있을 수 있다. "나는 힘들고 괴로웠지만 너희들은 그런 걸 겪지 않고 잘 살았으면 좋겠어"라는 인식을 갖기란 쉽지 않다.

제대한 지 오래됐지만 아직도 악몽을 꾼다는 둥, 종종 군대 트라우마를 이야기하던 한 지인이 있었다. 그는 그 트라우마로 무척 힘들어했지만, 이야기 끝에는 언제나 "요즘 애들은 더 힘들게 굴려야 해. 정신력이 너무 약하다니까"라고 말했다. 나는 그의 말을 듣고 있자면 자기도 그렇게 힘들어했으면서 왜 그걸 물려주고 싶어 하는 걸까라는 의문이 들곤 했다. 가만 보면 이 사회는 다양한 억압으로 억울함을 느끼는 사람들과, 다른 사람들도 똑같이 그 억울함을 당해보길 원하며 애꿎은 데 화풀이하는 사람들, 그리고 자신의 고생과 굴종에 분명 어떤 의미가 있었을 거라며 합리화하는 사람들로 가득 차 있는 것 같다.

〈성격 및 사회심리학지Personality and Social Psychology Bulletin〉에 실린 연구에서는 한때 차별받았던 사람이 때로는 다른 약자들을 더 차별하기도 한다는 사실을 보여주었다. 여성들에게 임금격차나 직장 내 성추행 등을 떠올리게 하여 약자의식을 일으킨 다음 흑인과 백인에 대한 이미지를 측정해본다. 그러면 자신이 약자임을 인식한 여성들은 그렇지 않은 여성들에 비해 흑인은 나쁘게 생각하는 반면, 백인은 우호적으로 바라보는 경향이 나타났다. 이 인상적인 연구 논문의 제목은 "남들이 네게 한 것처럼 너도 남에게 하라Do unto others as others have done unto you?"이다.5

고생은 아름다운 것일까?

자신이 '약자'임을 지각했을 때 사람이 취할 수 있는 액션은 크게 세 가지다. 첫째 강자와 싸워서 이기거나, 둘째 그의 힘이 닿지 않는 곳으로 멀리 도망가거나, 셋째 강자에게 빌붙어 살거나. 하지만 첫 번째, 두 번째 선택지는 보통 현실성이 없다. 때문에 사람들은 결국 강자 또는 주류의 가치관에 충성하게 된다. 왕따를 당하던 사람이 따돌리는 쪽에 붙어 새로운 왕따를 만듦으로써 괴롭힘에서 벗어나는 경우처럼 말이다.

비슷한 예로, 54개국의 데이터를 분석한 결과 여성의 지위가 낮고 성차별이 심한 사회일수록 여성들이 남성들보다도 권위주의적 또는 가부장적 가치관을 더 잘 받아들이는 현상이 나타났다.[6] "나도 여자지만 여자들은 이래서 안 돼", "여자라면 온순하게 행동해야지"라고 하는 등 명예남성을 자처하는 것이다. 이 경우도 마찬가지로 주류의 가치관에 충성하지 않을 때 당하게 될 사회적 비난과 소외를 두려워하기 때문에 나타난다.

이렇게 크나큰 괴로움과 억울함을 당한 사람들이 그런 부당함을 없애는 데 동조하기보다 오히려 유지시키는 방향으로 움직이는 경우는 꽤 많다. 그렇기 때문에 우리 사회에 아직도 부조리가 버젓이 성행하는 것일지도 모르겠다. 한편으론 '약하니까 맞지', '약한 게 잘못', '약자라면 맞아도 싸다' 등등 피해자 비난하기식 논리가 성행하고 '사랑의 매'라는 이름으로 계속해서 폭력이 정당화되기 때문에, 어쩔 수 없이 사람들이 여기에 수긍하며 대대손손 그 논리에 따라 살게 되는 것 같다는 생각도 든다.

정리하면, 부조리로 인한 고난은 버림받은 느낌과 억울함을 낳기 쉽고, 이는 억울함과 피해의식, 이기심과 무차별적 분노 등의 부작용들을 낳을 수 있다. 때문에 이런 부작용에 대한 인식 없이 고생 자체를 미화하는 분위기는 대단히 위험하다. 불합리한 고생들을 이겨낸 '인간'이 대단한 거지, 좋은 결과를 낳았다고 해서 불합리함이 숭고한 의미를 갖는 것은 아니기 때문이다.

05

고통 속에서도 웃을 수 있을까?
긍정적 정서와 부정적 정서

최규석 작가의 〈습지생태보고서〉에는, 팔이 잘린 사람은 손목이 잘린 사람의 아픔을 모른다는 내용이 있다. 정말 힘들었던 사람이 비슷하게 힘들었던 다른 사람의 고통을 부정하는 모습을 보면 기분이 묘해지곤 한다. 내가 정말 좋아하는 어떤 분도 힘들다는 이야기만 나오면 유독 "그건 힘든 것도 아니야"라고 말한다. 처음에는 왜 그런 얘길 하는지 이해가 잘 되지 않았다. 하지만 언제부턴가 그 말은 "정말 힘들었는데 힘들다 말할 사람도 없었고 아무 도움도 받지 못했다. 정말 외롭고 억울했다. 지금이라도 위로받고 싶다"는 뜻임을 알게 되었다.

그 사람은 외로운 거였고, 인정이 필요한 거였다. 사람이 혼자서 고통을 감당하는 것은 참 힘든 일이기 때문에 그렇게 내버려두면 안 되는 것 같다. 혼자 온전히 고통을 견뎌낼 수 있는 사람은 애초에 없을 것이고, 만약 있다고 하더라도 그는 독해지고 독해지다 결국 독을 품게 될지도 모르기 때문이다.

앞서 이야기한, 독한 것과 강한 것은 다르다고 말씀하신 선생님도 사람들이 독해지지 않도록 서로서로 먼저 다가가서 손내밀어주고 응원해주어야 한다고 하셨다. 선생님은 내게도 "독해지지 말라고 내가 챙기는 거야"라고 얘기했다. 다시 한 번 말하지만, 사람이 혼자서 온전히 이길 수 있는 고난이란 없다. 따라서 우리는 서로에게 좀 더 독해지라고, 고생을 해봐야 한다고 얘기하기보다 서로에게 해독제 같은 존재가 되어주어야 할 것이다.

마음을 자라게 하는 것

아픈 만큼 성숙해지는 걸까? 이 문제에는 고생을 했는지 안 했는지의 여부보다, 고생을 '어떻게' 이겨냈는지가 훨씬 중요하게 작용한다. 억울함과 외로움 속에서 혼자 몸부림치면 내면의 상처가 쉽게 곪아버린다. 고난은 '함께'일 때 비로소 이길 수 있는 것이다.

한편 고난 못지않게 즐거움과 행복이 삶을 확장시킨다. 즉 우리의 성장에 더 중요한 역할을 할 수 있다. 미국 노스캐롤라이나대학교의 심리학자 바바라 프레드릭슨Barbara L. Fredrickson에 의하면 긍정적 정서는 크게 지적 자원, 신체적 자원, 사회적 자원, 심리적 자원의 네 가지 자원을 쌓게 하여 우리의 성장을 돕는다(긍정적 정서의 확장 및 축적 이론broaden-and-build theory).[1]

학자들은 부정적 정서가 보통 위험한 상황 같은 위급 상황을 해결하는 데 특화되어 있다고 말한다. 화는 적과 싸우도록 해주고, 공포는 이길 수 없는 적으로부터 도망가게 해준다. 이 과정에서 부정적 정서는 우리의 주의와 관심이 문제의 원인이 되는 어떤 한두 요소에 집중하도록 만드는 경향이 있다. 시야를 날카롭게 좁히는 것이다.

반대로 긍정적 정서는 그 자체로 현재 환경이 위험하지 않다는 정보를 주며 우리가 움츠러들지 않고 새로운 것을 탐험하고 배우도록 해준다. 따라서 즐거움과 행복을 느끼게 될 때 새로운 것을 탐험하면서 지적 자원을 쌓게 된다. 예를 들어 우리는 기분이 나쁠 때보다 좋을 때 새로운 사람들을 만나고 모임에도 활발히 참여하며 사회적 자원 또한 쌓게 된다. 긍정적 정서는 활발히 몸을 움직이게 함으로써 신체적 건강에도 기여한다. 뿐만 아니라 스트레스로부터 우리를 치유하고(스트레스의 악영향을 우리 몸과 마음에서 지워주는 역할을 한다), 할 수 있을 것 같다는 희망과 해보고 싶다는 동기를 부여해주는 등 정신적 자원도 쌓을 수 있게 돕는다.

부정적 정서가 우리 몸과 마음을 동면하게 한다면 긍정적 정서는 봄을 맞이하게 한다. 다른 생명체들처럼 우리 몸과 마음도 따뜻한 날을 맞이할 때 쑥쑥 자랄 수 있다. 따라서 우리는 강인함에 대한 잘못된 인식을 버리고, 즐거움과 행복 등 긍정적 정서를 통해 나 자신과 주변의 다른 사람들이 진정으로 성장할 수 있도록 해야 할 것이다.

나를 일으키는 기쁨의 힘

짱짱한 고무줄을 양쪽으로 잡아당기면 쭉 늘어났다가, 손을 놓으면 언제 그랬냐는 듯 다시 원래의 상태로 돌아온다. 하지만 얇고 금이 가 있는 고무줄은 조금만 잡아당겨도 끊어지거나 힘없이 늘어져버려 원래의 상태를 회복하지 못한다.

우리의 정신 상태도 마찬가지다. 어떤 사람은 탄탄한 고무줄같이 충격이나 스트레스를 겪어도 금방 원 상태를 회복하는 반면, 어떤 사람은 잘 돌아오지 못하는 경향을 보인다. 이를 '회복탄력성 resilience'이라고 한다. 고무줄처럼 이리 비틀리고 저리 휘어도 금세 다시 원래의 모습을 찾는 능력, 즉 극복 또는 회복 능력이라고 보면 되겠다. 쉽게 말하면 '멘탈이 강한' 정도라고도 할 수 있을 것 같다. 그런데 여기에도 긍정적 정서가 중요한 역할을 한다.

연구들에 의하면, 탄력성은 기질적인 면이 크다.[2] 즉 타고나기를 정신력이 강한 사람과 그렇지 않은 사람이 있다는 것이다. 예를 들어, 기질적 성격 특성(성격의 다섯 요인) 중에는 '신경증(불안, 초조, 예민. 쉽게 스트레스를 받고 잘 헤어 나오지 못함. 정서적 불안정성)'이라는 게 있다. 유전적 요인이 크다고 알려진 이 특성은 쉽고 빠른 좌절 및 느린 회복과 관련이 있다.

"왜 어떤 사람들은 기본적으로 정신력이 강한가?" 똑같이 힘든 상황에서도 특정한 사람들이 다른 사람들에 비해 높은 극복 능력을 보이는 비결은 무엇일까? 연구 결과, 어떤 상황에서도 긍정적 정서를 잘 느끼는 것이 중요한 요인으로 드러났다.

탄력성이 높은 사람들은 그렇지 않은 사람들에 비해, 평소에 기쁨이나 즐거움 등의 긍정적 정서를 많이 느끼고, "뭐 다 의미가 있겠지. 좋은 경험이 될 거야"라고 생각하는 등 힘든 일에서도 나름 긍정적인 의미를 찾으려 노력하며, 유머를 잃지 않는 편이다. 그리고 평범하고 일상적인 일에서도 감사함이나 기쁨을 느끼고, 문제 상황을 회피하기보다 직시하며, 문제를 열심히 해결하려는 모습을 보인다.3 그런데 긍정적 정서를 잘 느끼는 게 회복 능력과 구체적으로 무슨 관련이 있을까?

'긍정적 정서'는 스트레스로 난리가 난 몸과 마음을 안정시켜 주는 데 도움을 준다. 일례로 스트레스를 받은 사람들에게 재미있는 영상을 보게 하는 등 긍정적 정서를 느끼게 하면 부정적 정서가 줄어들고 스트레스 또한 줄어드는 현상이 나타난다. 연구자들은 사람들에게 '공포심'을 일으키는 무서운 영상을 보여준 뒤, 긍정적 정서가 느껴지는 영상, 별다른 정서가 느껴지지 않는 영상, 부정적 정서가 느껴지는 영상을 각각 보여주었다. 그 결과, 긍정적 정서가 느껴지는 영상을 본 사람들이 가장 빠르게 원래의 심혈관 반응 수준을 회복했다.[4]

학자들은 이렇게 긍정적 정서가 마치 마법의 지우개처럼 스트레스나 에너지 고갈을 '취소undoing' 또는 '치료remedy'하는 효과를 지닌다고 이야기한다. 그래서 힘들 때일수록 계속 침울하게 있지 말고 긍정적 정서를 느끼려고 하는 것이 중요하다. 그래야 빨리 소진되지 않고 오래 버틸 수 있을 것이다.

어려운 상황에서 긍정적 정서의 효과는 이뿐만이 아니다. 바바라 프레드릭슨에 의하면 긍정적 정서는 문제 해결의 원동력이 되기도 한다. 예컨대 평소 긍정적 정서를 잘 느끼는 사람들이 그렇지 않은 사람들에 비해 힘든 일이 있을 때 주위의 도움과 위로를 잘 얻는다.[5] 늘 어두운 사람들에 비해 평소 호감을 잘 얻고, 관계를 잘 쌓아두기 때문이다.

또 긍정적 정서는 '호기심', '새로운 가능성을 탐험하는 것', '창의성'과도 관련을 보인다. 실제로 사람들에게 긍정적 정서를 느끼게 하면 부정적 정서나, 별 다른 정서를 느끼지 않았을 때에 비해 창의성이 높아진다는 연구 결과들이 있다.[6]

앞서 부정적 정서를 느낄 때는 동면 상태인 반면, 긍정적 정서를 느낄 때는 봄맞이 상태라는 이야기를 했다. 침울하고 어둡고 무

긍정적 정서는
우리 몸과 마음이
봄을 맞이하게 한다.

기력할 때보다 밝고 기분 좋고 힘나는 상태일 때 머리도 더 잘 돌아가고, 아이디어를 행동으로 옮기겠다는 의욕도 넘치게 되는 것이다. 그러다 보면 실제로 더 발전적인 상태가 될 가능성도 높아진다.

부정적 정서에 침몰되지 않기

이렇게 긍정적인 정서는 단순히 우리의 기분을 좋게 만들 뿐만 아니라 우리가 삶을 살아가는 데 필요한 다양한 일적, 관계적 기술과 '자원'을 쌓는 데 도움이 된다. 이와 관련된 이론이 바로 '긍정적 정서의 확장 및 축적 이론'이다.

정리하면, 긍정적 정서는 스트레스로 인한 상처를 치료하는 데 도움이 될 뿐 아니라 평상시 또는 힘든 상황에서 문제를 해결해 나갈 각종 관계적, 능력적 자원을 쌓도록 도와준다. 그리고 탄력성이 좋은 사람들은 이 긍정적인 정서를 잘 느끼고 잘 활용하기 때문에 극복 능력이 좋은 것이라고 할 수 있다.

실제로 이런 현상을 확인한 연구가 있다. 연구자 앤서니 옹 Anthony Ong과 동료들은 실험 참가자들을 대상으로 2주간 매일매일 기쁨, 즐거움, 신남 같은 긍정적 정서와 화, 불안, 슬픔 같은 부정적 정서를 각각 얼마나 느꼈는지, 그날의 스트레스 정도와 기질적 탄력성 등을 추적하며 측정했다. 그 결과 실제로 탄력성이 좋은 사람들이 스트레스에서 쉽게 회복되는 현상이 나타났는데(전날 스트레스가 다음날 기분에 별로 영향을 주지 않았다), 이 현상은 결국 '긍정적 정서'에 의해 그 이유가 설명되었다.7

한 가지 재미있는 사실은 스트레스가 심한 날 보통 사람들은 부정적 정서는 많이, 긍정적 정서는 적게 느끼는 편인데, 탄력성이 높은 사람들은 부정적 정서를 느끼는 정도가 긍정적 정서를 느끼는 정도에 별 영향을 끼치지 않는다는 것이다. 그러니까 탄력성이 좋은 사람들은 안 좋은 일이 터져서 기분이 나쁘더라도 즐거움은 또 즐거움대로 잘 느낀다는 것으로, 기분 나쁜 감정에만 휘둘리지 않는다고 볼 수 있을 것 같다.

나쁜 일이 생기면 하루 종일 안 좋은 기분으로만 있는지 아니면 그 와중에도 즐거움을 느낄 수 있는지 자기 자신의 감정에 대해 한번 생각해보자. 결국 정신적으로 강하다는 건 부정적 정서의 부재를 말하는 것이 아니라 '온전히 그것에만 잠식당하지 않을 수 있는 것'을 말하는 게 아닐까?

사람들은 흔히 행복한 사람들은 인생에 행복한 일이 많아서 행복하고 불행한 사람들은 불행한 일이 많아서 불행하다고 생각한다. 그러나 이 경우도 마찬가지로 일반적으로는 그렇지 않다. 연구에 의하면 극단적인 사건들, 예컨대 끊임없는 신체적 고통, 장기 실직 등의 사건을 제외하면 삶의 다양한 일들은 그 자체로 우리의 행복에 큰 영향을 미치지 않는다. 겉으로 행복해 보이는 사람이라도 알고 보면 다른 사람 못지않게 많은 불운과 가정 문제, 내적 갈등과 싸우고 있을지도 모른다는 것.

행복에 있어 그보다 더 중요한 것은 기쁠 때나 슬플 때나, 하루하루의 삶 속에서 어떤 마음가짐과 느낌을 가지고 살아가느냐 하는 것이다. 때로는 즐거워서 "하하하" 웃고, 또 때로는 어이없다는 듯 피식 웃으며 대부분의 상황을 나름대로 즐길 줄 아는 사람들이 행복하다.

몸도 튼튼하게 만든다

긍정적 정서는 각종 스트레스에 대한 심리적인 면역력이 되어줄 뿐 아니라 신체적인 면역력도 향상시켜준다. 대학생들을 대상으로 1년간 낙관적으로 생각하는 정도와 면역반응CMI(세포 매개 면역반응)의 관계를 관찰한 한 연구가 있다. 연구자들은 학생들이 "나는 이 수업에서 잘해낼 수 있을 거야" 같은 긍정적인 생각을 더 많이 할수록 면역반응이 증가하는 현상을 발견했다. 즉 하루하루를 희망차게 보낼수록 면역력도 함께 좋아진다는 것이다.[8]

반면 걱정이나 스트레스로 인한 부정적 정서들은 건강과 면역력에 안 좋은 영향을 미치는 것으로 알려져 있다. 그런데 한 연구에서는 이렇게 부정적인 정서나 스트레스가 건강과 면역력을 해치는 효과보다 긍정적 정서가 건강을 촉진시키는 효과가 더 크다는 것을 간접적으로 드러냈다.[9] 이는 부정적 정서를 많이 느꼈더라도 그만큼 긍정적 정서를 더 많이 느껴주면 건강을 지킬 수 있다는 얘기가 된다.

그렇다고 해서 긍정적 정서가 항상 만능이고 부정적 정서는 쓸모없다는 얘기가 아니다. 다만 부정적 정서에 지나치게 휘둘리는 것은 좋지 않다는 얘기다. 산다는 건 원래 쉬운 일이 아님을 제대로 아는 것, 다시 말해 현실을 정확하게 바라보면서도 웃을 수 있는 것이 중요하다.

06

재미있는 일이 쉬운 일이다
지속 가능한 삶

드라마나 만화를 보면 종종 이런 장면이 나온다. 몸살감기에 걸려서 식은땀이 줄줄 흐르는데도 회사에 꼭 처리할 일이 있다며 출근을 하고, 결국은 쓰러져서 앰뷸런스에 실려 입원하게 되는 장면 말이다. 이런 장면에서 흔히 주변 사람들은 "당신의 열정에 감사와 박수를!" 같은 태도로 그 사람을 바라본다.

이런 장면을 볼 때면 이렇게 과로를 아름답다 칭송하는 장면보다는, "누가 일 시켰어?", "무슨 일 때문에 과로를 하게 된 거야?"라고 따지며 과로의 원인을 찾아 제거하려고 하는 장면을 넣어보면 어떨까 하고 상상해본다. 정말로 이렇게 전개된다면 참 통쾌할 것 같다. 하지만 안타깝게도 드라마나 만화 같은 가상현실은 물론이고, 대부분의 현실세계 사람들은 어렵고 힘들게 자신을 한계까지 밀어붙이는 것이 삶의 정석이라고 여기고 있는 것 같다.

주위를 둘러보면 휴식을 갖지 못하는 사람들이 정말 많다. 그 중에는 일이 너무 많아서 못 쉬는 경우도 있지만 충분히 휴식할 수 있는 상황임에도 실체 없는 압박감에 쫓겨 쉬지 못하는 경우도 있다. 우리는 '열심히 살고 있다'는 느낌을 얻기 위해, 또 열심히 살고 있음을 남에게 보이고 인정받기 위해 습관적으로 과로하고 스스로를 위태로운 상황으로 몰아넣는다.

기본적으로 우리는 소모를 위한 소모를 하기 쉬운 동물인 것 같다. 그런데 이렇게 항상 무언가에 쫓기며 피로에 절어 있어야만 잘 살고 있다고 말할 수 있는 걸까? 쉽고 편하게 살면 안 되는 걸까?

재미있는 게 쉽다

종종 "쉬는 게 어색해"라고 말하는 한 사람이 있었다. 그는 어쩌다 하루 쉬는 날에도 꼭 무언가를 해야만 할 것 같고 가만히 있으면 인생을 낭비하는 것 같은 생각이 든다고 했다. 또 언제부턴가 마치 쉬지 못하는 병에 걸린 것 같다며, 몸을 움직이지 않으면 몸은 편해도 마음이 너무 불편하다고 말했다. 그러면서 내게 "왜 그렇게 쫓기며 살아왔는지 모르겠어. 조금 더 쉽고 재미있게 살았어도 되었는데"라고 말했다. 또 넌 꼭 그렇게 살길 바란다고도 했다.

처음에는 "쉽고 재미있게 살라"는 말을 가벼이 넘겼지만, 시간이 지나면서 점점 그것이 삶의 진리라는 생각을 하게 되었다. 사람이 자꾸 한계까지 밀어붙여지고 벼랑 끝에 서다가는 어느 순간 무너져버릴지도 모르고 어떤 일을 하든지 '재미'가 있어야 지속적으로 할 수 있기 때문이다. 사실 재미있는 일이 비교적 '쉬운' 일이기도 하다. 재미있는 일을 할 때는 비교적 노력을 덜 들여도 되고 덜 애써도 된다. 그리고 이렇게 내가 '할 만한' 일을 찾는 과정은 소위 적성을 찾는 것과도 같으며, 지치지 않고 오랫동안 일을 지속하기 위해서도 그 과정은 꼭 필요하다.

　한편 노력은 아무나 마음껏 할 수 있는 것이 아니다. 노력도 재능이라는 말이 있듯이 마음만 먹는다고 저절로 되는 것은 아니다. 우리의 노력을 막는 첫 번째 장벽은 바로 '귀차니즘'이다. 이 '하기 싫고 귀찮은 마음'을 이겨내는 것에서부터 수많은 사람들이 미끄러진다. 그래서 어떤 일이든지 첫 삽이라도 뜨기 위해서는 귀차니즘을 쉽게 이겨낼 수 있는 엄청난 의지력이 필요하다. 만약 그런 의지력이 없다면? 방법은 있다. 귀찮음과 수고를 물리치고 해낼 '유인誘因'을 만들어내면 된다.

　재미있는 놀이나 행위를 할 때 주변의 만류와 그 일에 쏟아야 하는 수고에도 불구하고 기꺼이 그것을 했던 경험이 누구나 한 번쯤은 있을 것이다. 밤새도록 몇십 권짜리 시리즈 만화를 다 읽었다거나, 몇날 며칠을 컴퓨터 앞에서 컵라면 먹으며 미드 올시즌을 클

리어했다거나, 눈알이 빠질 것 같은데도 모형 조립에 시간 가는 줄 몰랐다거나 하는 일들 말이다. 이렇게 흥미는 귀차니즘을 이기는 훌륭한 유인이 된다. 즉 재미가 귀차니즘의 장벽을 쉽게 넘게 해주는 것이다.

노력을 막는 두 번째 장벽은 '에너지'다. 자신을 인간이 아닌 로봇이라고 생각하는 사람들도 종종 있지만 우리들은 로봇과는 달리 한정된 에너지를 가지고 살아가는 존재다. 사실 로봇도 전기나 석유 같은 동력을 필요로 하고 에너지를 많이 쓰면 방전되는데, 우리 인간은 더욱 그러하다. 그리고 우리가 생활할 때 이루어지는 대부분의 뇌 활동은 많은 에너지를 소모하게 한다. 즉 신경을 곤두세우고, 집중하고, 논리적으로 사고하고, 자기통제 또는 감정 조절을 하는 일들 말이다. 이런 활동을 뇌가 지나치게 많이 하게 되면 실제로 정신력이 바닥나는 것 같은 '자아고갈ego-depletion 현상'이 나타난다.[1]

그런데 좋아하는 일을 하면 이 자아고갈 현상에서 비교적 자유로워질 수 있다.[2] 싫지 않은 척 억지로 감정 조절을 하는 등 자기통제를 하느라 에너지 쓸 일이 줄어들기 때문이다. 가뜩이나 모자란 에너지를 마인드컨트롤하는 데 쓰지 않아도 된다. 따라서 좋아하는 일을 할 때면 싫어하는 일을 할 때에 비해 배터리가 덜 방전되며, 쉽게 지치지 않는다. 좋아하는 일은 덜 애써도 된다는 점에서 비교적 쉬운 일이 된다.

예컨대 난이도가 비슷한 일의 경우 그것이 좋아하는 일일 때는 배터리 한 개 정도의 에너지를 쓴다고 하면, 그것이 억지로 하는 일일 때는 그 이상을 마음 다스리는 데 써야 하는 것이다. 그렇기 때문에 더 힘들 수밖에 없다. 또한 나의 배터리 총량이 정해져 있다고 한다면, 싫어하는 일을 할 때 더 많은 에너지를 소모하기 때문에 시작부터 손해인 셈이다. 싫은 일을 할 때에 비해 소모가 덜하다는 측면에서 보면, 좋아하는 일을 하는 삶은 더 지속 가능한 삶이라고 할 수 있다.

심리학자 로이 바우마이스터에 따르면, 삶에서 결과적으로 더 좋은 성과를 보이는 사람들은 의지력 자체가 강하거나 늘 애쓰며 사는 사람들이 아니라 에너지를 쓸 일이 적거나 아껴 쓸 줄 아는 사람들이다. 여기에는 좋아하는 일을 하는 사람들도 속한다. 인생은 단기간에 모든 에너지를 다 불태우고 골인 지점에 들어와서 픽 쓰러지면 되는 단거리 달리기가 아니라 오랜 시간 긴 호흡으로 달려야 하는 장거리 마라톤이기 때문이다.

힘을 빼고 즐겁게 삽시다

《몰입의 즐거움》을 쓴 심리학자 미하이 칙센트미하이Mihaly Csikszen-tmihalyi의 연구에는 좋아하는 일을 할 때의 이득이 잘 나타나 있다.[3]

좋아하는 일을 하는 사람들은 귀차니즘의 습격을 덜 받고, 일할 때 덜 지친다. 마음에서 우러나와 기꺼이 어떤 일을 할 때는 노력을 노력이라고 인식하지 않는 경향이 나타나기도 한다. 어떤 일에 빠져서 몰두하는 경우를 관찰하면 실제로는 엄청난 시간과 에너지를 쏟았음에도 열 시간을 한 시간처럼 느끼는 등 그 과정을 별로 힘들어하지 않는 모습을 보인다. 이것이 바로 흥미로움의 힘이다. 반대로 흥미롭지 못한 일에 대해서는, 재능을 드러내는 일은 둘째 치고 그것에 노력을 쏟는 일부터 매우 힘이 든다.

"그래도 좋아하는 일과 잘하는 일은 다르지 않을까? 잘하는 일을 선택해야 더 좋은 결과를 얻을 것 같은데"라는 의문이 생길 수 있겠다. 그러나 걱정하지 말자. 연구에 의하면 우리는 우리가 잘하는 일을 좋아하는 경향이 있다.4 물론 그렇지 않은 경우도 있겠지만, 일반적으로는 재능이 있는 일에 흥미를 갖게 되며, 흥미와 재능이 완전히 분리된 경우보다는 함께 가는 경우가 더 많다.

또한 극도의 재능을 요구하는 경우가 아닌 일반적인 직업의 경우, 일에서 흥미를 느낄수록 좋은 성과를 내는 경향이 있다. 심지어 능력보다도 흥미 여부가 좋은 성과가 나올 수 있을지 예측할 수 있는 지표가 되기도 한다.5

그러고 보면 힘을 빼고 사는 일은 선택사항이라기보다 필수사항인 것 같다. 앞서 말했듯 우리는 쉽게 방전되는 존재들이기 때문이다. 따라서 가급적 에너지를 아껴 쓸 필요가 있다. 그렇지 않으면 기능 이상이 오게 될 것이다.

자아고갈과 관련된 연구에 의하면 스트레스, 감정 조절, 신경 몰입 등으로 급격하게 에너지를 소모한 뒤에 사람들은 감정 조절을 못 해 쉽게 화 또는 짜증을 내고 이전에 비해 관용도 떨어지며 불친절한 모습을 보이게 된다. 이렇게 만성적으로 에너지가 고갈된 채로 살면 나다운 모습으로 살기보다 짜증과 무기력이 이끄는 대로 살게 된다. 따라서 우리가 제대로 기능하며 살기 위해서는 휴식과 재충전은 선택이 아닌 필수일 것이다.

물론 휴식보다 과로가 권장되고 즐거움보다 고통이 권장되는 사회에서는 좋아하는 일을 찾는 것뿐 아니라 힘을 빼고 사는 것조차 쉬운 일이 아닐지도 모르겠다. 하지만 우리가 자기 자신답게 사는 데 중요한 영향을 끼치는 일인 만큼 아주 조금씩이라도 실천해보면 좋을 것 같다.

주중에는 회사에서 주말에는 집에서 일하는 거라고 생각하고 있다면, 내가 아니면 회사가 잘 안 돌아갈까 봐 아파도 꾸역꾸역 나와서 일을 하고 있다면, 아침 일찍 출근 오밤중 퇴근으로 집이 잠만 자는 하숙집이 되어가고 있다면, 꼭 한번 휴식의 의미에 대해 되새겨보자.

07

땅 짚고 일어나기
번아웃

혹시 요즘 심신이 피로하고 스트레스가 많은 것 이상으로 이대로는 너무 힘들어서 더 이상 못 해 먹겠다는 등의 기분이 들지는 않은가? 일에서 어떤 흥미나 성취감, 개인적 의미를 느끼지 못한 지 오래되진 않았는지, 직장 동료나 고객을 대할 때 아무 감정 없이 기계적으로 대하게 되진 않았는지 생각해보자.

물론 일이란 것은 가끔은 귀찮고 때때로 지겹고 언제나 때려치우고 싶은 존재이긴 하다. 출근하자마자 퇴근하고 싶고, 일요일 밤엔 내일의 해가 뜨지 않았으면 하고 기도라도 올리고 싶고 말이다. 하지만 일이라는 것의 원래 속성에도 불구하고 더 이상은 지속하기 힘든 극한의 심리적 상황이 지속된다면 '소진증후군burnout Syndrome', 즉 '직무 탈진job burnout'을 의심해보아야 한다.

직무 탈진은 직장생활을 하다 겪는 정서적 탈진 상태로 주로 사람을 대하는 직업을 가진 사람들에게서 자주 나타나는 것으로 알려져 있다. 사람에 따라서는 이런 직무 탈진에 대해 "직장 생활이 힘든 건 당연한 거 아니야?"라고 생각하며 별것 아닌 일로 치부할 수도 있다. 하지만 여러 연구에 의하면 직무 탈진의 악영향은 생각보다 심각하다.

스트레스가 그랬어

직무 탈진을 겪는 사람들은 그렇지 않은 사람들에 비해 우울증과 불안증세, 불면증 등에 시달릴 뿐 아니라 건강도 좋지 않다. 새뮤얼 멜라메드Samuel Melamed 등의 연구에 의하면 이들은 비만이 될 확률도 더 높고 심장질환에 걸릴 확률도 더 높았다. 특히 심장질환의 경우, 직무 탈진이 있을 때에는 그렇지 않은 때에 비해 사전 건강 상태, 나이 등과 상관없이 질환에 걸릴 확률이 80퍼센트 정도 더 높았다.[1]

직무 탈진은 좀 더 직접적으로 수명을 단축시기도 한다. 자살과도 연관성을 보이는 것이다. 의사들을 대상으로 이루어진 한 연구에서는, 일반적으로 업무강도와 스트레스 수준이 높은 의사들의 경우 다른 요인들보다도 직무 탈진이 자살을 부추기는 주요인

일 수 있다고 주장했다.2

　이런 직무 탈진은 다양한 조건 아래 나타날 수 있다. 앞서 언급한 것처럼 사람을 대상으로 하는 직업뿐 아니라 업무량이 많고 근무 시간이 긴 직업, 지루해지기 쉽고 의미를 발견하기 어려운 단순 작업이 반복되는 직업, 아주 높거나 아주 낮은 교육 수준이 요구되는 직업(아주 높은 교육 수준이 요구되는 경우에는 과하게 성취하려는 경향과 관련이 있다) 등에서 비교적 잘 나타난다고 한다.

　사실 상당수의 직업이 여기에 해당한다고 볼 수 있다. 어떤 일을 하든 상관없이 우리는 소모될 운명에 처한 것일까? 하지만 그렇기 때문에 더욱 더 직장에서 나 자신이 지나치게 소모되고 있는 것은 아닌지 자주 체크해보아야 한다. 처음 이 일을 시작할 때 얻고 싶었던 게 무엇인지, 일을 하며 어떨 때 재미를 느꼈는지를 잘 살펴보자.

　업무와 관련된 스트레스는 그때그때 풀어야 정신 건강에 이롭다. 작은 불씨가 큰 불씨로 번지는 것처럼 작은 스트레스라고 가벼이 보고 내버려두면 점점 불어나서 우리 몸과 마음에 큰 악영향을 미치게 된다. 큰 스트레스들은 오히려 그 안에서 의미를 찾기 쉽고 또 그러기 위해 나름대로 노력도 하게 되는 등 긍정적인 방향으로 풀어나갈 방법들이 많이 있다. 반면에 작은 스트레스들은 의미를 찾기도 어렵고 사소하다는 생각에 무시해버리기 쉽다. 그리고 그 결과 깊이 썩어서 큰 스트레스보다 좋지 않은 영향을 미치게 된다.

아무 일도 하고 싶지 않아

출근해서 모니터 앞에 앉아 있지만 마우스조차 누르고 싶지 않을 때가 있다. 멍하니 모니터를 바라보며, 아무것도 하고 있지 않지만 더 격렬하게 아무것도 하고 싶지 않을 때 말이다. 이렇게 숨 쉬는 것 말고 다른 어떤 것에도 흥미가 없어질 때는 어떻게 해야 할까? 가장 간단한 답은 '아무것도 하지 않는 것'이다.

심리학자 바우마이스터와 기타 연구자들의 연구에 의하면 세상만사가 다 귀찮고 아무 일도 하기 싫다는 느낌이 들이닥치는 원인은 크게 세 가지다. 첫째 어떤 일을 할 에너지가 없거나,[3] 둘째 지금 하는 일이 좋아하는 일도 아니고 자신감이나 기대감, 잘될 거란 희망도 없는 등 일에 대한 동기가 낮거나,[4] 셋째 만성적 우울이나 무기력에 시달리고 있거나.[5]

첫 번째 원인에 해당한다면 일단 아무것도 하지 말자. 이것은 충분히 무리했으니 이제는 쉴 타이밍이라는 신호다. 달달한 음식을 먹어보거나 한숨 푹 자는 것도 좋다. 또는 몇 주째 보지 못한 드라마 시리즈를 보거나 만화 카페에 가서 하루 종일 만화를 보는 등, 직무 외에 다른 곳으로 주의를 돌려보자. 에너지 수준이 낮아져서 무기력이 찾아온 경우에는 휴식이나 기분전환이 가장 좋은 약이다.

두 번째 낮은 동기가 문제라면 삶의 의미감을 잘 느끼지 못하고 있는 것은 아닌지, 원치 않은 길에 억지로 떠밀려 살고 있진 않은지 점검해볼 필요가 있다. 자신이 하고 있는 일들 중 어떤 것이 즐겁고 어떤 것이 즐겁지 않은지, 그런 일들의 의미가 무엇인지, 어떤 부분에서 자신이 없거나 잘될 거란 희망을 느끼지 못하는지 등을 찬찬히 생각해보자. 이 경우 역시 잠시 멈춰서 자신만을 위한 시간을 가져보는 것이 좋겠다.

세 번째 만성적 우울감과 무력감에 시달릴 때는 어떻게 해야 할까? 이럴 때 우리는 자신의 힘으로 할 수 있는 게 아무것도 없다는 느낌을 받는다. 하지만 우리 삶에서는 아무리 헤어 나올 수 없는 깊은 물에 빠졌다는 생각이 들어도 막상 땅을 짚고 일어나 보면 무릎 깊이밖에 되지 않는 얕은 물임을 확인하는 경우가 꽤 많다. 이 사실을 꼭 기억해보자. 그리고 이때는 혼자 힘으로 일어나기 어렵기 때문에, 일어설 수 있도록 손잡아주는 주변 사람들의 역할이 중요하다. 그러니 정말 힘든 상황이라면 주저 말고 주변에 도움을 청해보자. 그런 사람이 없다면 전문적인 도움을 받아보는 것도 좋겠다.

복잡 미묘한 존재

가끔은 일이나 주변의 사건사고 때문에 힘이 빠지는 게 아니라 나라는 존재 자체 때문에 힘이 빠지기도 한다. 내 삶의 목적과 행복을 찾아 힘을 내보려 해도 마음이 획획 변하고 복잡하기만 하다. 생각이 너무 많은 탓일까? 하지만 걱정하지 말자. 복잡한 게 나쁜 것만은 아니다. 오히려 좋을 수도 있다.

일반적으로 내가 생각하는 나, 즉 '자아개념self-concept'이 복잡할수록(나는 활발하고, 친절하고, 손재주가 많고, 호기심이 많고, 어떤 취미를 가지고 있고…) 그렇지 않은 사람들에 비해 건강하고 행복하고 스트레스도 더 잘 이겨내며 우울증도 덜 겪는다.6

보통 실수를 하거나 안 좋은 일이 생겼을 때 '내 잘못이 아니라 상황이/타인이 잘못한 것'이라고 생각하는 등 외적 귀인을 강하게 여길수록 스스로 정서적 타격을 덜 받게 된다. 이와 비슷하게 자아 개념이 복잡하면 그 일이 내 잘못이긴 해도 나라는 사람 전체의 잘못이라기보다 나를 구성하는 여러 부분 중 한두 가지의 잘못일 뿐이라고 생각할 수 있다. 예를 들어 우리 집 앞마당에서 자라고 있는 한 그루의 나무를 생각해보자. 나무가 무성히 자라면서 몇몇 가지가 옆집 담장을 넘었다. 이럴 때 나무의 밑동을 잘라버리는 사람은 아마 없을 것이다. 담장을 넘은 가지 몇 개만 쳐내주면 되니까 말이다. 사람도 마찬가지다.

좀 더 구체적으로 예를 들어보자. 당신이 어떤 과제를 하다가 큰 실수를 저질렀다. 꼼꼼하지 못하게 확인을 하고 지속적으로 노력을 기울이지 못한 탓이었다. 즉 성실성에 흠을 입은 것이다. 하지만 당신에겐 어려운 상황을 이겨낼 끈기와 의지가 있고 도움을 요청할 사회성과 용기도 있으며 난관을 헤쳐 나갈 재치가 있다. 이렇게 부족한 부분뿐만 아니라 문제를 극복할 수 있는 다른 좋은 것들도 있음을 인지하고 있으면 문제 상황에서 좌절하지 않고 얼마든지 일어서는 게 가능할 것이다.

또한 '진정한 나'는 하나가 아니라 여러 가지 특성으로 구성된다. 우리 안에는 여러 가지 차원(지적능력, 성격, 사회적 스킬 등)의 서로 다른 특성들이 존재하며 같은 차원 안에서 공존할 수 없을 것 같은 특성들도 존재한다. 냉철하지만 따뜻하다든지, 이성적인 동시에 감성적이라든지 말이다. 감정 또한 마찬가지다. 즐거운 상태일 때에는 슬픔이나 화 같은 부정적 정서가 없어야 할 것 같지만 긍정적 정서와 부정적 정서를 함께 느끼는, 예컨대 달콤 씁쓸한 감정 상태가 존재한다.[7] 우리는 애초에 모순적이고 복잡한 존재다.

또한 우리는 '상황'의 영향을 크게 받기도 한다. 즉 그때그때 다른 모습이 된다. 친구와 함께 있을 때는 이런 모습이지만 가족과 함께 있을 때, 직장 상사와 함께 있을 때는 전혀 다른 사람처럼 보이기도 한다. 나의 경우에도 일 관계로 만나는 사람들과 함께 있을 때는 조용한 편이지만 친구들과 함께 있을 때는 장난기가 넘친다. 친구들이라고 해서 다 같은 것도 아니다. 어떤 친구와 함께 있느냐에 따라 주로 나누는 대화의 주제가 달라진다. 이렇게 시시각각 모습이 변하지만, 거짓으로 대하거나 애써 나 자신을 숨기는 것이 아니라면, 이런 여러 모습들은 모두 자기 자신을 구성하는 소중한 조각들이다.

자기 자신의 복잡성을 알면 같은 인간인 타인의 복잡성도 헤아릴 수 있게 된다. 앞서 말했듯 나 역시 어느 한 명에게 나의 모든 모습을 보여주는 일은 흔치 않다. 따라서 타인에 대해서도 나의 눈에 비친 모습만으로 그를 판단하지 않도록 노력하고 있다. 그가 직장 등 특정 상황에서 내게 보이는 모습들이 그 상황에서만, 또 나한테만 보이는 모습일 수 있으니 말이다.

언젠가 나에게 너무나 친절하게 대해주어 참 따뜻한 인품을 가졌다고 생각했던 사람이 부하직원들에게 인신공격을 하는 등 비인간적인 대우를 하는 모습을 본 적이 있다. 나뿐만 아니라 타인 역시 한 가지 모습만으로 쉽게 판단할 수 없는 존재라는 점을 새삼 깨달은 순간이었다.

우리는 모두 열 길 물 속보다 알기 어려운 존재들이다. 복잡하고 모순적이며 논리적으로 설명하기 어렵다. 원래 그렇게 생긴 것이니까 "나를 알기란 이렇게 어려운 일이구나" 하고 좌절할 필요는 없다. 우리는 자기 자신에 대한 사실들을 최대한 깊게, 또 많이 수집해서 '나'라는 사람의 지도를 세세하게 그려볼 수 있다. 다행스러운 사실은 지도를 그리는 것만으로도 우리는 어느 정도 공허함을 떨치고 삶의 의미감이나 심리적 안정감을 얻을 수 있다는 점이다.[8]

나의 자아개념을 알아보기

1 나를 행복하게 만드는 것은? 나를 슬프게 하는 것은?

_____

2 내가 잘하는 일과 못하는 일은?

_____

3 나의 장/단기 목표는? 나에게 동기 부여가 되는 것은?

_____

4 어떤 상황에서도 포기할 수 없는 나만의 가치관은?

_____

5 나는 전반적으로 괜찮은 사람인가?

_____

6 나는 내 삶에 만족하는가? 즐거움, 행복 등 긍정적 정서를 자주 느끼는가?

_____

7 삶이 괴롭고 힘들다고 느껴질 때의 대처 방법은?

_____

8 함께 있으면 즐거운 사람들은 누구인가? 반대로 같이 있는 게 힘든 사람들은? 그 이유는?

_____

_____

9 사람들에게 어떤 사람으로 보이고 싶은가? 주변 사람들을 실망시키지 않기 위해 무슨 일까지 할 수 있는가? 특히 어떤 사람들에게 인정받고 싶은가?

_____

_____

10 사람들로부터 사랑받고 존중받고 있다고 느끼는가?

_____

11 힘들고 어려울 때 믿고 기댈 수 있는 사람이 있는가? 마음을 터놓을 수 있는 친구가 있는가?

_____

_____

12 내가 속한 집단이 나라는 사람을 정의하는 데 어느 정도의 영향을 미치는가?

_____

13 이 세상이 지금 이대로 괜찮다고 생각하는가? 아니면 바뀌어야 할 부분이 많다고 생각하는가? 내가 생각하는 정의란 무엇인가?

_____

_____

Part 2

행복하자

어떻게 하면
행복해질 수 있을까?

01

소소한 일상의 커다란 힘
인생의 유한함

지금은 건강하지만, 한때 몸이 상당히 안 좋은 때가 있었다. 손을 쓸 수 없을지도 모르겠다는 두려움을 느끼기도 했는데, 그러자 자연스럽게 앞으로 남은 인생을 어떻게 살아야 할지 생각하게 되었다. 굉장히 심오해 보이는 질문이지만, 사실 생각보다 그리 오랜 시간 고민하지 않았다. 결론은 이거였다. "최대한 즐겁고 행복하게 지낼 거야. 하고 싶은 일들 맘껏 하면서."

올지 안 올지 모르는 불확실한 미래를 위해 현재의 기쁨을 희생하기보다 오늘 여기 내 눈앞에 있는 기쁨을 즐기는 편이 더 낫다는 사실이 너무나 당연하게 느껴졌다. 끌리지 않는 일들에 대해 내 감정을 속이고, 다른 사람의 맘에 들기 위해 거짓으로 포장하면서 내 인생을 낭비할 필요는 없으니까 말이다.

행복할 시간이 모자라다

이러한 태도의 변화는 앞으로 살날이 얼마 남지 않은 사람들에게, 또는 죽음을 떠올리는 많은 사람들에게 보편적으로 드러나는 현상이다. 연구에 의하면 평소 자아실현이나 성공 같은 것에 목을 매던 사람들이라도 삶의 유한함을 마주하게 되는 순간 다른 무엇보다도 행복을 우선시하게 된다고 한다.[1] 기쁨과 즐거움 같은 정서 말이다. 다시 말해 객관적인 이득보다 주관적인 행복감에 더 가중치를 두고 마음 가는 대로 선택하는 경향이 나타난다.

나이가 들수록 우리는 잘 맞지 않는 사람들이나 싫은 사람들과의 관계를 점점 정리하고 좋아하는 사람들과만 주로 어울리게 된다. 이러한 모습 또한 삶의 유한함을 느낄수록 행복에 가중치를 두는 현상과 잘 맞아떨어진다고 할 수 있다. 사랑하는 사람들과 보낼 시간도 모자란데 싫은 사람과 어울릴 시간이 어디 있겠는가?

나이가 들수록 먼 미래를 걱정하느라 지금의 행복을 버리는 일은 조금씩 덜 하게 되고, 점점 더 소소한 일상을 잘 음미하게 된다는 연구도 있다.[2] 젊을 때는 이루어야 할 일이나, 쌓아놓아야 할 것들이 많기 때문에 어느 정도 현재의 행복을 포기할 수밖에 없을 것이다. 하지만 목적을 향해 달려가는 과정에서 순간순간의 즐거움까지 지나치게 희생하는 것은 바람직하지 않다.

당신의 버킷리스트는 무엇인가? 죽음이 머잖아 찾아온다면 어떻게 준비할 것인가? 이 질문을 나 자신에게 던졌을 때 나는 특별한 버킷리스트를 만들 필요 없이 평소에도 하고 싶은 일을 맘껏 하며 살면서 소소하고 즐거운 일상을 유지하면 좋겠다는 생각을 했다. 아침에 눈을 뜬 것에 감사하고, 따뜻한 햇볕 아래 행복을 느끼고, 함께 이야기하고 웃을 수 있는 가족과 친구가 있음에 만족하면서 말이다.

정말로 남은 시간이 얼마 없다면, 당신은 어떻게 그 시간을 보낼 것인가? 이 질문을 진지하게 생각해보면 자신을 행복하게 해주는 것들이 무엇인지, 어떤 행복을 놓치고 있는지 새삼 깨닫게 될 것이다. 그리고 앞으로 인생의 평범한 날들을 어떻게 살아야 할지 그림을 그려볼 수 있을 것이다.

어쨌든 지구는 계속 도니까

매일매일 즐겁고 행복하게 살기 위해서는 어떻게 해야 할까? 언뜻 생각해서는 거창한 무언가를 해야 할 것만 같다. 하지만 실제로는 무심결에 지나고 있는 이 소소한 일상이야말로 우리의 행복한 삶을 지켜주는 디딤돌이 된다.

심리학자 대니얼 길버트Daniel Gibert의 연구에 의하면 엄청나게 충격적일 거라고 예상한 사건이라도 현실에서 막상 겪어보면 생각보다는 덜 충격적으로 다가오는 현상이 나타난다.[3] 즉 부정적 사건의 효과는 실제보다 상상 속에서 더 과하게 나타난다. "나한테 그런 일이 생기면 정말 끔찍할 거야. 도무지 견딜 수 없을 거야"라며 상상만으로도 겁에 질리게 하는 일들은 사실 잘 일어나지 않는다는 것이다.

그런 일이 가능한 이유 중 하나는 '여전히 지구가 돌기 때문'이다. 때때로 "나는 이렇게 힘든데 세상은 아무 일 없다는 듯 잘만 돌아가는구나!" 하고 괘씸한 생각이 들기도 하지만, 결국은 "그래도 지구는 계속 도는군" 하며 같은 지점에서 안정감을 얻는 것이다.

우리는 어떠한 험악한 일이 벌어지면 인생이 완전히 망하게 될 거고 의미도 없어질 것이며 세상도 내가 알던 모습이 아닐 거라고 쉽게 예측한다. 하지만 실제로는 아무 일도 일어나지 않은 듯 아침엔 해가 뜨고 저녁엔 해가 지며, 꽃도 피고 나무도 푸르고 새도 날아다니고, 가족들도 친구들도 항상 그 자리에 있으며, 동네 슈퍼마켓도 빵집도 여전히 분주하고, 치킨은 여전히 맛있기 마련이다.

이런 작은 일상들이 사실상 삶의 대부분을 채우며 인생을 안정적으로 지탱해준다. 그렇기 때문에 전쟁이나 재난처럼 일상이 온통 다 뒤집어질 만큼 대단히 파괴적인 일이 아니라면 다들 금방 적응하게 된다. "어라? 생각보다 멀쩡하네?", "뭐야, 아무 일도 일어나지 않잖아"라고 하면서 말이다.

이렇게 작고 촘촘한 매일의 일상은 혹시라도 우리가 궤도에서 좀 벗어나서 허우적대더라도 다시 원래대로 돌아올 수 있도록 돕는 끈 역할을 해준다. 이렇게 일상은 소중하다. 일상을 통해 삶은 별일 없이 계속 이어진다. '어떻게든 계속된다'는 느낌은 이렇게 꽤 중요한 역할을 한다.

불행은 생각보다 견딜 만하다

힘든 일이 생겼을 때 그 괴로움에서 잠시 벗어날 수 있도록 크게 도움을 준 일이 하나 있다. 바로 학교 과제나 원고 마감을 떠올리는 것이다. 한창 슬퍼하다가도 "아 맞다. 나 과제 있었지? 내일이 마감이었어!"라는 생각이 들면 잠시 동안이라도 정신을 추스르고 몸을 움직이게 되었다. 빨래를 개거나 책상 정리를 하는 등 일상적인 일들을 하면서 다시 괜찮아질 거라고 마음이 다독이기도 했다. 물론 이런 것들로는 극복되지 않는 어려움도 있겠지만, 심리학자 대니얼 길버트의 연구가 말해주듯 다행히도 삶의 많은 일들은 생각보다 극복할 만하다. 다시 한 번 말하지만 불행은 늘 우리의 상상 속에서 제일 크고, 생각보다 덜 힘들다.

우리는 안 좋은 일에도 빨리 적응한다. 나의 경우 아픈 것에도 어느 정도 적응이 되는 경험을 했다. 인간의 적응 능력에 대한 연구에 의하면 병에 걸렸다는 진단을 받는 등 나쁜 일이 생긴 초반에는 행복도가 곤두박질치지만 시간이 흐르면서 차츰 원래 수준 또는 그보다 조금 낮은 수준까지 올라오는 현상이 나타난다.[4]

위가 안 좋아서 음식을 입에도 대지 못하던 때가 있다. 그때 느낀 불행은 정말 어마어마한 것이었다. 그러다가 상태가 조금 나아져서 죽이라도 먹을 수 있게 되자 다시 엄청난 기쁨이 찾아왔다. "이제 밥을 먹을 수 있어!" "우유가 넘어가다니!" "이번엔 달걀을 먹어 볼까?"

우리는 무엇이 행복이고 무엇이 불행인가 하는 문제에 대해 어떤 절대적인 기준을 가지고 있지는 않다. 그 대신 현재 또는 바로 전 상황을 '기준'으로 삼고 그와 비교하여 행복과 불행을 느낀다.[5] 구역질을 해대며 물만 겨우 먹던 상태에서 이제 밥이 넘어가는 상태가 되면 엄청난 발전이라 여기며 행복감이 급상승하는 것이다.

이렇게 나쁜 것들은 언제나 '생각보다' 나쁘지 않다. 인간의 적응력이란 엄청나고 불행한 상황일수록 작은 무엇에서 큰 기쁨을 느낄 수도 있다. 힘든 시기가 찾아오면 나는 인간이 이렇게 설계되어서 참으로 다행이라는 생각이 든다. 이것이 바로 인류가 생존한 이유 중 하나이지 않을까?

02

행복이 조금씩 조금씩
행복 습관

일상은 삶의 안정제가 되어줄 뿐 아니라 행복의 근원이 되어주기도 한다. 많은 사람들이 "행복은 한 방!"이라고 생각하지만 에드 디너 등의 연구 결과에 의하면 행복은 질보다 양(빈도)에 의해 좌우된다.[1] 삶은 결국 여러 개의 조각난 시간들이 모인 것이기 때문에 크지만 짧은 시간 지속되는 행복을 느끼는 사람보다 작지만 매일 매일 즐거움을 느끼는 사람이 평균적으로 훨씬 행복도가 높게 나타난다.

이와 비슷하게, 사람을 정말 힘들게 하는 것은 엄청나게 큰 불행한 사건이 아니라 일상의 소소한 짜증과 스트레스다. 출근 시간의 교통체증이라든가 싫은 사람을 매일 보는 것이라든가 등등 말이다. 대니얼 길버트에 따르면 이런 것들은 '적응하기 어렵고 매일

매일 조금씩 바뀌는 지옥'이다.

행복은 조건을 따라오지 않는다

굵직하고 큰 사건들은 우리의 주의를 모두 사로잡기 때문에 우리는 그것을 해결하고 이해하기 위해 부단한 노력을 쏟게 된다. 그러면서 거기서 의미나 보람을 느낄 수도 있다. 하지만 무신경하게 방치되는 매일의 작은 짜증들은 조금씩 우리의 몸과 마음을 갉아먹는다. 긍정적인 의미를 부여함으로써 극복해내기도 상대적으로 더 어렵다.

실제로 애니타 드론기스Anita DeLongis 등은 그들의 연구에서 큰 스트레스보다 일상의 소소한 스트레스들이 행복과 건강에 더 나쁜 영향을 미친다고 밝혔다.[2] 매일매일 직장이나 집에서 받는 스트레스, 불안, 좌절 등이 10년 후에도 정신건강과 관련을 보인다는 연구도 있다.[3] 결국 행복한 삶을 위해서는 평소 일상을 스트레스 없이 긍정적 정서가 잘 느껴지도록 디자인하는 것만큼 중요한 게 없다는 말이 된다.

그런 의미에서 행복은 '생활 습관'이라고 할 수 있을 거 같다. 우리 사회에는 '행복=조건'이라는 생각이 많이 퍼져 있지만 실제 연구들에 의하면 재력 등의 객관적 조건이 행복에 미치는 영향은 약 10퍼센트 정도밖에 되지 않는다.[4] 아주 의미 없는 수치는 아니지만 생각보다는 적지 않은가? 삶의 조건들은 불행을 막는 효과는 좋아도 행복을 증진시키는 효과는 생각보다 뛰어나지 않다.

예컨대 처음 자동차를 샀을 때 몇 주나 몇 달간은 새 차가 생겼다는 기쁨이 크겠지만, 시간이 좀 더 지나면 그렇게 애지중지했던 차도 이제는 익숙한 무엇에 지나지 않게 된다. 넓은 주차장에 내 소유의 자동차가 주차되어 있다는 사실만으로 행복해했던 날들이 이제 더는 오지 않는다는 말이다. 시간이 좀 더 흘러서 주차장에 주차되어 있는 다른 고급 차들을 보며 "내 차는 너무 작고 구식이야. 언제 저런 좋은 차를 사지?"라면서 비교하게 되면 차가 아예 없었을 때보다 더 큰 불만을 갖게 될 수도 있다.

반면 행복을 별로 중시하지 않는 태도가 미치는 악영향은 어마어마하다. 자신을 행복하게 해주는 일이 무엇인지 잘 모르고, 휴식 시간이나 순수하게 즐거움을 추구하는 시간을 낭비라고 여기고, 보여주기식 행복을 중시하고, 좋은 인간관계나 일상의 소소한 즐거움 등 행복에 정말로 중요한 요소들을 신경 쓰지 않는 태도 말이다. 이러한 것들은 결코 물질이 대신할 수 없다.[5]

많은 걸 가졌어도 삶의 대부분을 차지하는 일상에서 행복감을 느끼지 못하면 조건이 아무리 나아져도 행복해지기 어렵다. 그래서 보통 일상에 대한 태도를 개선하지 않은 채 "OO만 가지면, OO만 달성하면 행복해질 거야"라는 생각은 안타깝지만 착각 또는 회피에 가깝다. 행복해지는 습관을 가지고 있지 않고 앞으로도 그럴 생각이라면, 안타깝지만 행복해지긴 어려울 것이다.

한편 우리 사회는 '행복이란 조건에서 오는 것'이라고 얘기하며 행복하게 사는 습관을 기르는 것을 방해하고 있는 것 같다. 이렇게 개인들이 행복은 조건에서 온다는 믿음을 갖고 스펙이나 커리어 쌓기에만 전 생애를 바치면 집단의 발전에는 대단히 유익할 것이다. 그래서 전체주의/집단주의 문화일수록 개인의 행복을 가벼이 여기는 경향이 나타난다.[6]

앞에서 언급했듯 우리는 종종 하루하루 치열하게 살며 높은 스펙을 쌓은 사람들이 오히려 "내가 왜 사는지 모르겠어" 같은 고백을 하는 걸 볼 수 있다. 이는 이 사회가 말하는 "이렇게 하면 성공적인 삶이 된단다"라는 지침이, 많은 경우 근거 없음을 확인시켜주는 사례인 것 같다. 이런 사람들은 아마도 작은 행복을 좇는 순간 인생이 쓸모없어질 것이라는 무언의 압박 때문에 미처 행복해지는 습관을 기르지 못한 것 아닐까?

휴일도 없이 앞만 보고 달리면, 낮은 임금에도 불만 갖지 않고 밤낮없이 일하면, 삶을 즐기는 건 나중에 해도 되니 일단 성공부터 해두면 의미 있는 인생이 될 거라는 속삭임은 마치 허황된 미래를 담보로 한 부도난 수표와 같다.

일상적 쾌락주의자

〈심리과학지Psychological Science〉에 실린 한 연구를 살펴보자. 연구자들은 실험 참가자들에게 타임캡슐을 만들어보자고 했다. 거기에는 오늘 들은 노래, 오늘 지나온 거리 사진 등등 평범한 것들을 넣게 했다. 아마도 참가자들은 타임캡슐 안에는 뭔가 더 특별한 걸넣어두어야 할 것 같은데, 왜 평범한 것들만 넣을까 하고 의아해했을 것이다. 타임캡슐을 닫은 뒤 연구자들은 참가자들에게 나중에타임머신을 열어보았을 때 자기가 얼마나 기뻐할지 예측해보라고했다. 그 뒤 예측한 반응과 캡슐을 열었을 때의 실제 반응을 비교해보니 참가자들이 기쁨을 상당히 과소평가하여 예측했음이 드러났다. 즉 실제로 열어봤을 때는 처음 예측했던 것보다 훨씬 더 기뻐했다는 것이다.[7]

예전에 한 드라마에서 남편이 죽은 아내를 추억하는 장면을 본적이 있다. 남편은 "유독 햇살이 반짝이던 그날, 아내와 동네 카페에서 맛있는 케이크를 먹으며 이 노래를 들었지. 그녀의 미소는 눈이 부셨어"라는, 아주 사소한 이야기를 늘어놓았다. 이 장면을 보고는 만약 내가 나중에 친한 친구나 사랑하는 사람과 이별하게 된다면, 어떤 일들을 떠올리며 그들을 추억하게 될까 생각해봤다. 아마도 그 사람이 얼마나 대단한 사람이었는지, 나에게 어떤 좋은 선물을 주었는지 하는 것들보다, 같이 걸었던 거리 풍경, 함께 웃었

사소한 일상은 결코 사소하지 않다.

던 일들, 손의 촉감 같은 일상적이고 사소한 것들을 추억하게 될 것 같았다. 별로 특별할 것은 없지만 인생의 가장 많은 부분을 차지했던 사소한 흔적들 말이다.

특별한 추억을 만들겠다며 떠난 여행에서도 결국 기억에 남는 건 맛있는 음식, 거리에서 우연히 만난 사람들과의 대화, 동행자의 지친 표정, 거리의 내음 같은 것들이다. 이렇게 사소한 일상은 결코 사소하지 않다.

따라서 특별한 순간을 기록하는 것 못지않게 오늘 먹은 것, 오늘의 거리 풍경, 오늘의 친구 모습 같은 작은 것들을 기록하는 일도 충분히 의미가 있다. 그래서 나도 오늘의 하늘, 오늘의 창밖 풍경, 오늘의 토끼(2년째 키우고 있는 토끼 땅콩이), 오늘의 남편 얼굴을 매일 사진이나 글로 남겨두고 있다. 작은 것들은 놓치기 쉬운 만큼 정말로 소중한 것들이다.

지금 이렇게 글을 쓰고 있다는 것, 이런 생각과 이런 느낌을 갖고 있다는 것, 이 시간의 경험 하나하나가 모두 소중하게 느껴진다. 영국의 경제학자 존 메이너드 케인스John Maynard Keynes는 "장기적으로 우리는 모두 죽는다"는 말을 했다. 이 말이 내 귀에는 "그러니까 현재를 즐겨! 하나하나 모든 걸! 네 모든 시간을!" 이렇게 들린다. 더 적극적으로 삶을 즐기는 인간, 즉 일상적 쾌락주의자가 되어보는 건 어떨까?

03

낯선 이가 주는 기쁨
예측과 실제

일상에서 찾을 수 있는 소소한 기쁨 중 대표적인 것이 사람들과의 만남이다. 의외의 사실일지 모르겠지만, 친한 친구들과의 만남 못지않게 스쳐 지나가는 인연, 낯선 사람들과의 만남도 큰 행복을 가져다준다.

버스나 지하철, 엘리베이터, 길거리 등 우리는 다양한 공간에서 다양한 사람들을 마주친다. 이들은 대부분 낯선 사람들이다. 낯선 사람들과 함께 있을 때 우리는 어색함 속에서 서로 눈길도 주지 않은 채 무시하고 만다. 앞으로 계속 볼 사람들도 아니고 대화를 나눠봤자 서로 좋을 것도 없이 귀찮기만 할 거라고 생각하기 때문이다. 그런데 정말로 좋을 게 없을까?

짧지만 소중한 만남

생각해보면 길거리에서 짧게 몇 마디 나눴을 뿐인데도 평생 기억에 남는 사람들이 있다. 요즘 한글을 배우고 있다면서 버스정류장 앞 간판에 쓰인 글이 이게 맞느냐고 물으시던 한 할머니, 인생을 건 튀김이라며 새로 만든 바나나 튀김을 건네주던 학교 앞 튀김집 아저씨 등등 짧은 시간 이야기했을 뿐인데 그날의 상황과 느낌이 오래도록 기억되는 것이다.

반면 매일 만나고 나름 친하다고 생각하지만 정작 돌이켜 보면 무슨 대화를 나눴는지, 그 사람이 어떤 표정을 지었는지 잘 떠오르지 않는 관계도 있다. 가족 간에도 습관처럼 얼굴을 마주할 뿐 어떻게 살고 있는지, 집밖에선 어떤 모습인지 서로 잘 모르는 경우가 많다.

앞에서 얼마나 오래 알고 지냈는지의 여부가 그 사람을 잘 아는 정도와 크게 상관이 없다는 연구가 있다고 이야기했다. 이런 경험에 비춰 생각해보면 지속적인 만남이라고 해서 반드시 진정한 관계인 법도, 짧은 인연이라고 해서 모두 헛되리라는 법도 없는 것 같다.

하지만 우리는 짧은 만남 또는 낯선 이들과의 만남을 상당히 과소평가한다. 그런 만남이 기분 좋고 기억에 남을 수 있다 하더라도 매우 드물거나 예외적인 상황일 거라고도 생각한다. 이제 이런 생각을 바꿔보면 어떨까?

누군가를 알아가는 즐거움

시카고대학교의 니콜라스 에플리Nicholas Epley는 다음과 같은 실험을 했다. 버스나 지하철을 통해 출근하는 실험 참가자들에게, 옆자리에 앉은 사람과 대화를 시도하거나(대화 조건), 평소에 하던 대로 출근하거나(통제 조건), 누구와도 대화하지 않은 채로 조용히 출근하게(조용함 조건) 한 뒤, 각 그룹의 정서 상태를 측정했다.[1] 어떤 결과가 나왔을까?

사람들에게 실제로 이런 상황을 상상해보라고 하면, 대부분 다른 사람과 이야기를 나누지 않고 조용히 혼자 있던 사람들이 제일 기분이 좋고, 낯선 사람과 대화를 나눈 사람이 제일 기분이 나빴을 거라고 예측한다. 하지만 결과는 정반대였다. 버스나 지하철 안에서 옆 사람과 대화를 시도한 사람들이 그렇지 않은 사람들에 비해 더 행복해하는 경향이 나타난 것이다.

이번에는 줄을 서서 기다리는 상황이다. 친한 사람과 이야기하며 기다리는 것과 낯선 사람과 이야기하며 기다리는 것 중 어느 쪽이 더 즐거울까? 이런 질문을 하면 대부분의 사람들은 당연히 친한 사람과 이야기하며 기다리는 게 더 즐거울 거라고 답한다. 앞의 경우에서처럼 낯선 사람과의 교류는 불편하고 불쾌할 거라고 예측하는 것이다. 하지만 이번에도 예측은 빗나갔다.

실험 결과 줄을 서서 기다릴 때 낯선 사람과 이야기한 사람들도 친한 사람과 이야기하며 기다린 사람과 비슷한 수준으로 즐거워했으며, 예상했던 것처럼 불쾌해지는 현상은 나타나지 않았다. 오히려 낯선 사람과의 교류가 이미 상당히 친한 사람들과의 교류보다 더 행복감을 높여준다는 결과도 있었다.[2]

그렇다면 내향적인 사람들의 경우는 어떨까? 외향적인 사람들에 비해 낯선 사람들과의 교류를 힘들어하거나 언짢게 느끼지 않을까? 그럴싸한 생각이지만 역시 현실은 그렇지 않다. 내향적인 사람들과 외향적인 사람들에게 처음 보는 사람들과 몇 분간 가급적 적극적이고 활발한 모습으로 대화를 나누게 했다. 그랬더니 두 그룹 모두 비슷한 수준으로, 때때로 내향적인 사람들이 더 크게 즐거워하는 경향이 나타났다.[3] 성격이 외향적이든 내향적이든, '누군가를 알게 된다는 것'은 그것이 낯선 사람과의 짧은 대화라고 할지라도 큰 기쁨을 주는 일이다.

다만 즐거움을 예측하는 부분에 있어서 내향적인 사람들이 외향적인 사람들에 비해 사람들과의 교류에서 오는 즐거움은 과소평가하고, 불안 같은 부정적 정서는 과대평가하는 경향을 보였다.[4] 이러한 잘못된 예측 때문에 사람들은 때때로 사람들과의 교류를 꺼리게 된다.

두려워 말고 말을 걸기

낯선 이와의 소소한 교류가 주는 즐거움을 과소평가하는 것에 이어 또 다른 잘못된 예측에 대해 이야기해보자. 사람들은 사회적 상황에서 자신이 느낄 즐거움을 과소평가하기도 하지만 상대방이 느낄 즐거움을 과소평가하기도 한다. 내가 말을 시키면 상대방이 귀찮아하거나 나와의 대화를 즐거워하지 않을 거라고 생각하는 것이다. 그래서 어떤 사람들은 종종 지레 겁을 먹고 대화를 피한다.

그런데 재미있는 점은 모든 사람이 어느 정도 이러한 두려움을 가지고 있다는 것이다. 모두가 "상대방이 나를 불편해할 수도 있다"고 생각하며 서로를 피한다. 그런 생각에 사로잡혀 서로를 바라보면서 "역시 생각했던 대로 날 불편해하는군"이라면서 상처를 받기도 한다. 이렇게 처음의 두려움과 회피를 정당화시키는 순환구조가 형성되는 것이다. 하지만 현실은 다들 비슷한 두려움 속에서 먼저 다가서지 못하고 머뭇거릴 뿐이다.

특히 사회적 상황 자체를 매우 두려워하는 사회공포증을 갖고 있는 사람들은 그렇지 않은 사람들에 비해 자신의 인간관계가 좋지 않다고 지각하는 경향을 보인다. 하지만 한 연구 결과에 따르면 정작 그들의 친구들은 그렇게 생각하지 않는다.[5] "사람들은 날 싫어해. 내 친구들도 날 싫어하면서 억지로 어울리는 걸 거야" 같은 생각은 실제보다 과할 가능성이 높다는 것이다.

내가 어렸을 때의 일이다. 어느 날 한 친구가 "너랑 친하게 지내고 싶어!"라는 고마운 말을 해줬다. 하지만 그때의 나는 "왜 나 같은 애랑? 이 친구가 착하니깐 하는 얘기겠지?"라고 생각하며, 친구의 말을 그냥 무시해버렸다. 자신이 없어서 피했던 것인데, 내게 용기를 내어 먼저 다가와준 그 아이는 내가 자기를 싫어하는 줄 알고 상처를 입었을지도 모르겠다.

이렇게 쓸데없이 과한 두려움은 우리가 서로에게 다가가는 것을 막고 때론 상처를 준다. 하지만 앞서 살펴봤듯 낯선 사람과의 짧고 별 의미 없어 보이는 교류조차도 충분히 우리의 행복을 높일 수 있다. 이런 사실을 떠올리며 나와의 짧은 대화가 사람들에게 큰 행복감을 안겨줄 수 있다고 생각해보면 어떨까? 그러면 다른 사람에게 말을 걸 때 느껴지는 두려움이 조금은 줄어들지 않을까?

지레 겁먹고 피하는 바람에 즐거운 대화와 좋은 인연을 놓치기에는 인생이 너무 짧다. 가벼운 마음으로 좀 더 적극적으로 다가가 보면 보다 행복한 관계를 만들 수 있을 것이다.

04

친절해도 괜찮아
관계의 영역

한국 사회는 친한 사람과 낯선 사람에 대한 선이 비교적 분명하며, 친분에 따라 사람을 대하는 태도가 크게 달라진다.

길을 걷다가 낯선 사람과 눈이 마주치면 찡긋 웃어 보이기보다 인상을 쓰며 "사람 처음 보나, 뭘 보고 난리야"라는 식의 마음이 먼저 든다. 좀 더 넓게 생각해보면 학교나 직장 등에서 '줄' 서기가 아직도 성행한다. 이렇게 '내 사람들'에 대한 경계가 굉장히 명확한 것이다.

얼마간 타지생활을 통해 가장 인상 깊게 배운 것 중 하나는 낯선 이를 지나치게 경계하면서 크게 거리를 두거나 불친절할 이유가 없다는 점이었다.

불친절해서 남는 게 있나요?

한번은 아파트 엘리베이터가 고장이 나서 1층에 주민 여럿이 모여서 투덜대고 있었다. 때마침 정비사가 도착했는데, 나는 사람들이 정비사에게 "제대로 안 고치고 뭐 하는 거냐"며 심하게 따질 거라고 예상했다. 벌써 서너 번째 고장이었기 때문이다. 하지만 사람들은 "주말인데 고치러 와줘서 정말 고마워요. 고생이 참 많네요"라고 하며 정비사를 토닥여주었다. 그 모습을 보며 나는 조금 충격을 받았다.

또 거리에서 광고 전단을 돌리는 사람에게도 웃으며 인사하고 고맙다고 이야기하는 풍경도 흔히 볼 수 있었다. 적어도 당시 내가 살던 동네에서는 대체로 낯선 사람에게도 인간 대접을 해주는 모습이 꽤 흔했다. 오히려 그들은 "뭐 하러 쓸데없이 불친절하게 대해?"라고 말하는 것 같았다.

하루는 버스를 탔는데 버스비가 없어서 크게 당황한 적이 있다. 버스비도 없이 버스를 타는 멍청이라는 비난, 당신 때문에 출발이 늦어지니 민폐 끼치지 말고 얼른 내리라는 날카로운 시선이 날아올 것 같아 식은땀이 나려던 순간이었다. 너무 당황스러워서 어쩔 줄을 몰라 하고 있는데, 뒤에서 한 사람이 뚜벅뚜벅 걸어 나와서는 버스비를 내주고 들어갔다. 고마운 마음에 따라가서 갚겠다고 하니 그 사람은 버스 요금 정도는 대신 내줄 수도 있다고, 괜찮다고 얘기했다. 놀랍고 고맙고 미안한 상황이었는데, 다음에 누군가가 이런 상황에 처한다면 그땐 꼭 내가 대신 내줘야지 하는 다짐을 하게 되었다.

그 밖에도 이웃집에 사는 아주머니는 항상 먼저 밝게 인사해주고 가난한 학생인 내게 필요한 게 있으면 언제든 말해달라는 이야기를 했다. 그때 나는 그것이 말뿐이라고 해도 마음이 든든해져서 이미 도움을 받은 것처럼 느꼈다. 이런 일들을 겪으면서 어느새 낯선 사람과 웃으면서 인사하고 대화하는 것에 차츰 익숙해져갔다.

처음엔 "이 사람이 나한테 무슨 꿍꿍이가 있어서 그러지?"라고 생각하며 경계하고 어색해했는데 점점 익숙해지니 이러한 가벼운 교류들은 결국 일상의 큰 즐거움이 되었다. 그리고 낯설고 불안하게만 느껴졌던 그곳이 어느새 매우 안전하고 따뜻하게 느껴지기도 했다. 안 좋은 일이 생기더라도 누군가 도와줄 사람을 어렵지 않게 찾을 수 있겠다는 막연한 신뢰도 갖게 되었다.

이렇게 꼭 친밀한 관계가 아니어도 언제든 누군가와 소통할 수 있다는 사실은 우리에게 큰 안정감을 준다.

관계의 경계를 허물기

한 조사 결과에 따르면, 우리나라 사람들은 약 절반 정도가 인간으로서 충분히 존중받고 있지 않다고 느끼는 것으로 추정되었다.[1] 한국 사회는 대표적인 저신뢰 사회로 알려져 있다. 그리고 이것은 한국인들을 불행하게 하는 원인 중 하나로 지목된다. 여기에 가족이나 친한 친구를 제외한 낯선 이에 대한 심한 경계가 일정 부분 기여하지 않았을까?

사실 지금까지 나도 친한 사람들한테만 잘해주면 되고 나와 상관없는 낯선 사람에게는 무뚝뚝하게 대해도 된다고 생각해왔다. 아마 이것이 '우리가 남이가'식 관계론의 핵심인 것 같기도 하다. 네 편, 내 편을 확실하게 가르고 그에 따라 대우가 크게 달라지는 양상 말이다. 내가 아는 어떤 사람은, 한국식 '정情'이 자기 자신과 친한 사람들에게만 잘해주기인 것 같다고 얘기하기도 했다.

또한 우리 사회에서는 관계를 의무에 의해 이끌어가는 경향이 있다.[2] "당신은 부모/자식/제자/후배/부하직원이므로 반드시 OO 해야 한다." 상대가 애써 어떤 일을 성취해냈을 때 그것에 대해 인정하고 칭찬해주기보다는, 상대의 역할과 의무를 따져가며 당연한 일로 몰아붙인다.

"비슷한 역할의 누구누구는 너보다 훨씬 더 잘하던데"라면서 비교하고 자존감을 무너뜨리는 일도 있다. 또 의무라는 이름으로 상대를 깎아내리고 아무렇지 않게 착취하기도 한다. 그래서 관계를 맺는 일은 기본적으로 버겁고 힘들다. 서로 아끼고 사랑하면 되는 게 아니라 어떤 암묵적인 기준에 맞춰 잘해내야만 하는 일이 되기 때문이다. 이런 이유 때문에 새로운 관계를 맺는 걸 꺼리게 되는지도 모르겠다. 자칫 의무와 책임만 늘어버릴 수도 있으니 말이다.

또한 자신이 그 누구의 간섭도 받을 필요 없고 내 삶을 내 방식대로 결정할 권리가 있다는 의식이 약할수록, 타인도 나의 간섭을 받을 필요가 없다는 의식이 약하다. 그러다 보니 꼰대질은 판을 치는데 진정한 도움은 흔치 않고 도움을 준 뒤에도 서로 관계만 더 나빠지는 일이 흔한 것이다.[3]

낯선 사람도 나와 같은 '사람'이라는 점, 친한 사람들 못지않게 우리의 삶을 윤택하게 채워줄 수 있는 존재라는 점, 속박과 착취는 건강하지 못하다는 점을 기억해보자.

좋은 친구는 어디에나 있다

사람을 꼭 오프라인에서만 만날 필요는 없을 것이다. 요즘에는 블로그와 SNS가 거의 생활이 되면서 점점 더 많은 사람들이 온라인상에서 새로운 친구나 연인을 만들고 있다.

한 연구에서 온라인으로 만난 커플과 오프라인으로 만난 커플들을 비교해보았다. 커플 2만 명을 대상으로 온라인으로 만나 결혼한 사람들과 오프라인으로 만나 결혼한 사람들의 관계 만족도와 관계 유지율을 비교한 결과, 온라인 커플이 더 만족도가 높고 관계도 잘 깨지지 않는 편이라는 사실이 입증되었다.[4]

그런데 이 결과는 통계적으로 유의미하긴 하지만 매우 근소한 (1~2퍼센트 차이) 차이를 보인다. 때문에 단순히 온라인 커플들이 더 관계가 좋았다고 결론 내릴 수는 없다. 대신 연인을 온라인이든 오프라인이든 어디서 만났는지는 생각보다 그렇게 중요하지 않음을 보여주는 결과라고 생각하는 편이 좋겠다.

친밀한 관계로 발전하는 데 중요한 요소들, 예컨대 서로의 가치관과 뜻깊은 경험을 공유하는 것, 친밀감을 쌓는 것 등은 꼭 오프라인을 통해서만 이루어지는 것은 아니다. 트위터나 페이스북 같은 공간에서도 사람의 가치관이나 기타 등등의 언행들이 잘 드러나기 때문이다.

따라서 만남에 있어 중요한 것은 어디서 만났느냐보다는 어떤 자세로 만남에 임하느냐가 아닐까 생각한다. 마음을 열고 누구와도 친구가 될 수 있는 자세 말이다.

05

잘 먹고 잘 쉬자
음식과 수면

우리는 바람직한 인간이라는 느낌 또는 생산성에 대한 주변의 인정을 위해 목숨도 내놓을 수 있는 사회적 존재다. 그렇기 때문에 경쟁하듯 과로를 자랑하기도 하고 누가 시키지도 않은 비인간적인 업무량을 소화하면서 뿌듯함을 얻는다.

우리는 유한한 존재다. 앞에서도 계속 이야기했지만 우리의 생명만 유한한 게 아니라 정신력, 체력 모두가 유한하다. 따라서 한정된 자원인 우리의 에너지는 쓴 만큼 그때그때 채워줘야 한다. 그래서 몸도 마음도 쉬는 게 매우 중요하다.

그런데 우리는 정작 쉬는 방법을 잘 모른 채 앞만 보고 내달리며 살고 있다. 여기서는 진정한 휴식이란 무엇인지, 어떻게 쉬어야 정말로 잘 쉴 수 있는지 한번 알아보자.

인간성을 되살리는 달달함

가장 기본적인 것부터 챙겨보자. 잘 먹는 것은 생명뿐만 아니라 우리가 인간성을 유지하는 데에도 꼭 필요하다. 정신력이 하늘에서 그냥 뚝 떨어지는 거라면 좋겠지만, 사실 우리 뇌는 포도당glucose을 연료로 굴러간다. 따라서 신경 쓸 일이 많아 에너지 소모가 심하면 정신력이 잠시 방전되어 다양한 수행이 떨어지는 현상(자아고갈 현상ego-depletion)이 나타난다. 이럴 때는 사탕 같은 단 것을 먹어주면 정신력이 다시 회복될 수 있다.[1]

여러 연구에서는 혈당 수준이 떨어지면 주의력, 논리적 사고력, 감정 조절 능력뿐 아니라 사회성도 떨어진다고 밝힌다. 쉽게 말해 인간적인 모습을 점점 잃게 되는 것이다. 한 에너지바 광고에서 "출출할 때 넌 네가 아니야"라고 하며 에너지바를 건네는 상황이 이와 비슷하다고 볼 수 있다. 우리의 정신력은 기본적으로 당의 노예다.

한편 밤에 혈당수치가 낮으면 배우자에게 공격적으로 대할 가능성이 높아진다는 연구가 있다.[2] 혈당량이 비교적 낮았던 사람들은 높았던 사람들에 비해 작은 일에도 쉽게 화를 내며 배우자에게 더 큰 소리로 오랫동안 소리를 지르는 모습을 보였다.

또한 연구자들은 3주간 실험 참가자들에게 밤마다 저주인형에 바늘(0~51개)을 꽂음으로써 배우자에게 얼마나 화가 났는지를 표현하게 하고 그 개수를 세었다(그렇다. 심리학자들은 이상하다). 그 결과 관계 만족도와 상관없이 혈당수치가 낮았던 사람들이 자신의 배우자를 상징하는 저주인형에 핀을 더 많이 꽂는 현상이 나타났다.

훗날 나타나는 잠의 효과

늘 부족하지만 정말 중요한 '잠'에 대해서 얘기해보자. 주변에서 대낮에도 늘 피곤하고 졸려 하는 사람들을 쉽게 찾아볼 수 있을 것이다. 그들은 일이 많아서 또는 잘 시간을 쪼개서 취미활동을 하다 보니 늘 잠이 부족하다. 하품을 달고 살면서 "주말에 몰아서 자야지"라고 말하며 대수롭지 않게 넘기는데, 정말로 이렇게 몰아서 자면 평소에 적게 자도 전혀 문제될 게 없는 것일까?

수면 부족이 인지 능력에 미치는 영향에 대해 여러 연구들이 있다. 잠이 부족하면 기억력, 의사결정 능력, 자기통제력 등의 각종 인지 능력이 손상되어 사람이 제대로 기능하지 못하는 현상이 나타난다. 그런데 사람들은 보통 이런 현상이 일시적일 뿐 나중에 잠을 푹 자고 나면 다시 멀쩡해질 거라고 생각한다.

하지만 최근 〈심리과학지Psychological Science〉에 실린 한 논문에 의하면 그렇지 않다고 한다.[3] 연구 결과, 젊었을 때 얼마나 충분히 양질의 수면을 취했는지의 여부가 약 30년 후의 기억력과 관련이 있었다. 젊었을 때 잠을 잘 잔 사람들이 그렇지 않은 사람들(수면 시간이 적고 잘 때 자주 깨는 등 푹 자지 못한 사람들)에 비해 30년 후에도 더 좋은 기억력을 보였다는 것이다. 평소에 잠이 부족했던 사람들이 그렇지 않은 사람들에 비해 수년 후 각종 인지 능력 저하를 보이고 치매에 걸릴 확률이 더 높다는 연구들도 있다.

우리의 생각과 달리 수면 부족으로 인해 우리는 꽤 중요한 것을 잃을 수 있고 그것들은 다시 채울 수 있을 만한 성질의 것이 아니라는 것이다. 또한 수면 부족은 심혈관 질환 및 기타 여러 질병에 걸릴 확률과도 상관을 보이는 것으로 알려져 있다. 마치 우리의 몸이 자기가 당한 것을 잊지 않고 쌓아뒀다가 형편없는 주인들에게 언젠가 앙갚음을 하는 것 같기도 하다.

우리 사회에서는 수면 부족을 실제 그것이 미칠 수 있는 악영향에 비해 상당히 가볍게 여기고 있는 듯하다. 잠을 좀 더 권장하고 충분한 수면시간을 방해하는 여러 가지 요소들을 제거하기 위한 노력이 필요하지 않을까?

잠이 능률을 높인다

너무 졸릴 때 잠깐 눈을 붙이는 것이 업무 효율을 높여주기도 한다. 미시간대학교의 심리학자들은 다음과 같은 실험을 했다. 참가자들로 하여금 실험 전 며칠 동안 일정 시각에 일정 시간 동안 자도록 했다. 그러고 나서 한 조건의 사람들에게는 약 한 시간 동안 낮잠을 자게 했고 다른 조건의 사람들에게는 차분한 분위기의 영상을 보며 휴식하도록 했다. 그런 뒤 참가자들에게 어렵고 지루한 과제를 주었다.

그 결과 낮잠을 잔 사람들이 깬 상태에서 휴식을 취한 사람들에 비해 더 오래, 끈기 있게 과제를 하는 모습을 보였다. 낮잠을 잔 사람들은 귀찮은 일을 때려치우고 싶다는 등의 충동적인 생각이 덜 든다고 보고하는 등 전반적으로 자기통제력이 더 좋게 나타나는 경향을 보였다.[4]

연구자들은 힘든 업무를 하거나, 끈기가 필요한 업무를 하는 사람들일수록 장시간 깨어 있기보다 중간 중간에 낮잠을 자는 것이 업무 효율을 높일 수 있을 거라고 언급하기도 했다.

낮잠이 기억력을 향상시켜준다는 연구도 있었다. 어려운 단어를 외운 후 바로 낮잠을 잔 사람들과 낮잠을 자지 않은 사람에게 각각 단어를 얼마 정도 기억하고 있는지 테스트한 결과, 단어를 외운 뒤 바로 낮잠을 잔 사람들의 경우에 정확성이 더 높게 나타났다.[5] 잠이 기억을 보존해주는 효과를 보인 것이다.

낮잠은 건강을 지켜주기도 한다. 낮잠이 수면 부족의 악영향을 어느 정도 치료해준다는 연구 결과도 있다. 〈임상 내분비학과 신진대사 저널Journal of Clinical Endocrinology & Metabolism〉에 실린 한 연구에 따르면 두 시간 정도밖에 수면을 취하지 않은 건강한 사람들에게 낮잠을 자게 했더니 수면 부족으로 인해 저하됐던 인터류킨6 interleukin-6(면역계 기능에 중요한 역할을 함)와, 높아졌던 노르에피네프린norepinephrine(교감신경계의 신경전달물질 역할을 함)이 원래 수준으로 다시 회복됐다고 한다.[6]

이런 결과들을 보면, 학교나 직장에 낮잠 자는 시간이 필요한 것 아닌가 하는 생각이 든다. 더 좋은 성과를 위해 고려해볼 만한 사항일 것이다.

속마음 털어놓고 푹 자기

요즘에는 잠을 잘 시간이 있어도 불면증 때문에 괴로워하는 사람들이 많다. 어떻게 하면 잘 잘 수 있을까?

우선 널리 알려진 대로 생활 습관을 규칙적으로 조절하는 것부터 스트레스를 피하는 것까지 여러 가지 방법이 있다. 그리고 다소 생소한 방법이 하나 있다. 바로 속마음을 더 많이 털어놓는 것이다.

최근 〈건강심리학지Health Psychology〉에 실린 한 연구에서 약 두 달간 매일매일 배우자에게 자신의 속마음을 털어놓은 정도, 기분 상태, 잠의 질 등을 측정한 결과, 사람들은 배우자에게 더 사적이고 깊은 이야기를 한 날에 그렇지 않은 날에 비해 더 빨리 잠들고, 잠에 만족스러워하며, 자는 도중 덜 깨는 모습을 보였다.[7]

부부 사이가 좋을 때 잠의 질도 좋다는 연구 결과들은 이미 잘 알려져 있다. 연구자들은 결국 부부 사이의 깊은 대화가 관계 개선에 도움을 주고 여기에서 파생되는 다양한 긍정적인 심리적 효과들이 잠의 질까지 높여주는 것이라고 보았다.

또 일반적으로 사람들은 자신의 속마음, 특히 '비밀' 등을 털어놓았을 때 신체적으로나 정신적으로나 더 건강해지는 현상이 관찰되기도 한다. 어쩌면 배우자에게 속마음을 털어놓았을 때 잠이 잘 오게 되는 효과도, 일부는 상대에게 충분히 설명하지 않은 게 있다는 불안감을 덜고 이해받았다는 안도감을 얻는 데에서 오는 것인지도 모르겠다.

넓게 보면 '근심을 털어놓고 의지할 수 있는 좋은 관계'의 효과인데, 배우자가 없다면 좋은 친구를 통해서도 비슷한 효과를 얻을 수 있지 않을까?

06

생각을 정리하기
비우는 글쓰기

앞에서 휴식하는 법에 대해 이야기했다. 그런데 몸만 편히 쉬면 되는 걸까? 평소 우리는 몸은 누워 있어도 머릿속은 복잡할 때가 많다. 불 끄고 가만히 누워서 잠도 못 자고 밤을 꼴딱 새워버리기도 한다.

"점심시간에 무심코 던진 말 때문에 상사가 나를 이상하게 보지는 않을까?" "이번 면접에서 떨어지면 부모님이 많이 실망하시겠지?" "지난 번 소개팅에서 입은 옷이 별로라서 애프터가 안 들어온 걸까?" 이렇게 여러 가지 생각이 우리 머릿속을 떠다닌다.

이렇게 몸도 몸이지만 마음을 쉬게 하는 것도 중요하다. 그런데 마음을 쉬게 하는 것, 다시 말해 마음을 비우는 것은 말처럼 쉬운 일이 아니다. 우선 생각을 멈춰야 한다. 그것이 좋은 생각이든 나쁜 생각이든 말이다.

생각을 비울 때 행복이 온다

생각이 많아서 괴로웠던 어느 날 항상 즐거워 보이는 친구에게 "너도 삶이 괴로울 때가 있어?"라고 물어본 적이 있다. 그랬더니 친구는 "나 지금은 배불러서 재미있는데? 아, 밥 먹기 전에도 좋아. 히히"라고 답했다. "밥 말고는 없는 거냐!"라는 생각이 들기도 했지만 한편으론 인생을 이렇게 심플하게 살면 좋을 거 같아 부럽기도 했다.

실제로 연구에 의하면 잡생각이 많을수록 우리는 불행해질 가능성이 높다. 심리학자 매트 킬링스워스Matt Killingsworth와 대니얼 길버트는 사람들이 무슨 생각을, 얼마나 하고 있고 그때의 기분이 어떤지를 알아보기 위해 하루에 몇 번씩 실시간으로 "지금 하고 있는 것 외에 다른 것에 대해서 생각하고 있는가?"라는 질문을 했다. '그렇다'는 응답이 올 경우엔 생각의 내용이 좋은 생각인지 나쁜 생각인지, 좋지도 나쁘지도 않은 생각인지 물었다.[1]

그러자 다음과 같은 결과가 나왔다. 사람들은 나쁜 생각 또는 딱히 좋지도 않고 나쁘지도 않은 생각을 할 때보다 아무 생각도 하지 않을 때(처음 질문에 '아니오'라고 답한 그룹) 더 기분이 좋았다.

우선 생각을 멈춰야 한다.
그것이 좋은 생각이든
나쁜 생각이든 말이다.

주목할 만한 것은 좋은 생각을 하고 있을 때보다도 아무 생각도 하지 않을 때가 살짝 더 행복한 경향을 보였다는 점이다.

이런 연구 결과를 보면 빙글빙글 돌아가는 머리를 잠시 식히고 단지 지금 하는 일, 지금의 느낌에 충실하게 사는 게 쓸데없는 근심과 걱정에 휘둘리지 않고 마음 편하게 살 수 있는 길이 아닐까 하고 생각하게 된다. 또 별다른 생각 없이 그냥 멍하니 있는 시간도 행복과 정신건강을 위해 중요한 것이라는 생각도 든다. 때로는 죄책감 없이 그냥 멍하니 있어보며 행복을 느껴보는 것도 좋겠다.

자꾸 생각하면 해롭다

좋은 생각도 계속 해서 좋을 게 없다는데 하물며 나쁜 생각은 어떻겠는가? 살다 보면 어제 저녁에 있었던 사소한 말다툼부터 얼마 전 회사에서 저지른 실수, 언젠가 누군가의 비웃음을 샀던 일 등 기분 나쁜 일들이 불쑥불쑥 머릿속을 어지럽힌다. 그리고 "내가 왜 그랬을까?", "그 사람은 나한테 왜 그런 걸까" 등등을 곱씹어보고 다시금 그때의 좌절감을 느끼며 데굴데굴 구르거나 한숨을 쉬기도 한다.

그런 일들은 쉽게 잊히지 않을 뿐더러 그때 느꼈던 수치심이나 좌절감 등의 감정에서 벗어나는 일도 굉장히 힘들다. 하지만 그러한 사건과 감정 때문에 우울감이 찾아오거나 아무리 노력해도 마음의 평정심을 되찾기 쉽지 않다면, 자신이 지나칠 정도로 부정적 사건들에 대한 '곱씹기rumination'를 하고 있는 것은 아닌지 생각해봐야 할 것이다.

예일대학교의 심리학자 수잔 노렌헉시마Susan Nolen-Hoeksema를 비롯한 많은 학자들의 연구에 의하면 부정적인 사건에 대한 기억과 감정을 지나치게 되새김질하는 사람들은 그렇지 않은 사람들에 비해 높은 우울증과 불안 증세를 보일 뿐 아니라 자기학대나 알코올 남용, 섭식 장애 등을 보일 가능성도 더 높았다.[2] 지나친 곱씹기는 만성적인 고혈압과도 관련을 보이는 등 건강에도 장기적 악영향을 미칠 가능성이 있다.

그런데 이와 반대로 다음과 같은 생각을 해볼 수도 있을 것이다. "부정적인 사건에 골몰함으로써 문제 해결 방법을 떠올리고 앞으로의 문제를 예방하는 효과를 얻을 수 있지 않을까?" 안타깝게도 심리학자 소냐 류보머스키Sonja Lyubomirsky 등의 연구에 의하면 그렇지 않다고 한다.[3] 지나치게 곱씹는 사람들은 그렇지 않은 사람들에 비해 문제 해결 방법을 알고 난 후에도 생각을 멈추지 않고 과거의 부정적인 사건에 빠져 있는 모습을 보인다. 또한 과거의 실수에 함몰되어 있는 동안 정작 중요한 현재의 일에 잘 집중하지 못해 수행이 떨어지기도 한다.

실패하는 것이 너무 싫고 끔찍해서 계속해서 생각하게 되지만,

이것이 지나치면 몸과 마음의 건강을 해칠 뿐 아니라, 또 다른 실패를 낳을 수 있다는 것이다. 이렇게 이미 지나가버린 일들도 내가 내 머릿속에서 붙잡고 있는 한 계속 그 효력을 발휘하며 함께 살아가게 된다.

따라서 연구자들은 부정적인 생각들이 스멀스멀 올라올 때 주의를 다른 곳으로 돌리는 등 부정적인 감정의 바다에 빠지는 것을 사전에 차단하는 방법들을 추천한다. 예를 들어 마음을 온전히 쏟아서 할 수 있는 여러 취미활동(TV/영화 보기, 게임 하기, 친구들과의 수다, 운동 등)이 도움이 된다고 한다.

또는 〈심리과학지〉에 실린 한 연구에 의하면 부정적인 기억이나 생각 때문에 힘들 때 그것들을 진짜로 버리는 행위가 도움이 된다고 한다.[4] 안 좋은 생각을 종이에 적고 그 종이를 쓰레기통에 버린다. 이러한 상징적 행위가 실제로 생각을 떨치는 데 도움이 된다. 잊고 싶은 괴로운 일이나 짜증나는 일이 머릿속을 떠나지 않을 때 종이에 적은 후 마구 구겨서 쓰레기통에 버려보자. 간편한 방법으로 기분전환을 할 수 있을 것이다.

마음을 털어놓는 글쓰기

때로는 생각을 멈추는 게 좀처럼 쉽게 되지 않을 때가 있다. 그럴 때 나는 무작정 글을 적어보곤 한다. 머릿속에서 복잡하게 얽혀 있는 생각들을 쭉 적다 보면, 이 생각이 어디서부터 시작했고 어디로 향하고 있는지, 중요한 것이 무엇인지 점점 명확해진다.

이렇게 내용을 어느 정도 파악하는 것만으로도 속이 후련해진다. "그래서 어떻게 할 건데?" 하고 자문해볼 수도 있어 그 또한 좋은 것 같다. 예컨대 써놓고 보니 별거 아닌 고민이었음을 알게 되면 겨우 이런 문제였다니 생각하며 하하 웃어버리고 떨쳐버리기도 한다. 만약 내가 어떻게 할 수 없는 일에 대한 고민, 예컨대 새로운 직장에 입사해서 좋은 사람들을 만날 수 있을지가 고민이라면 "이건 내가 노력해서 해결할 수 있는 문제가 아니군" 하고 상황을 알아차린 뒤 고민을 끝내버린다. 어느 정도 스스로 해결할 수 있는 문제에 관해서는 나름대로 대책을 세워보면서 마음을 정리한다.

진짜 문제가 되는 것은 문제 자체보다도 그 문제를 대하는 우리의 태도라는 말이 있다. 작은 일이라도 크게 호들갑을 떨며 문제 삼으면 정말 힘들어질 수 있고, 큰 문제일지라도 태연하게 "그럴 수도 있지"라고 생각하면 진짜 아무렇지 않게 된다는 것이다. 이렇게 문제를 만났을 때 막연한 불안과 염려로 인해 뒤엉키는 복잡한 생각들을 꺼내어 "이게 정말 내가 느끼는 것만큼 심각한 일인가?" 하고 정리해보는 것만으로도 우리는 문제에 대해 적절한 태도를 취할 수 있고 초연해지기도 한다.

이렇게 마음을 털어놓고 생각을 정리해보는 '표현적 글쓰기

expressive writing'의 효과는 실제로 대단하다. 연구를 하나 살펴보자. 심리학자 키티 클라인Kitty Klein과 아드리엘 볼스Adriel boals는 대학에 이제 막 입학하는 학생들을 대상으로 실험했다.5 연구자들은 학생들에게 약 2주간 '입학에 대한 자신의 생각이나 감정'을 글로 적도록 했다. 이들은 신입생들이기에 학교생활에 대한 막연한 불안과 기대감이 뒤엉켜서 심정이 복잡한 상태였을 것이다.

연구자들은 학생들 중 한 집단에게 글의 마지막 부분에 자신의 생각을 정리해서 결론을 맺으라고 했다(생각 정리 조건). 이 부분이 중요하다. 나름의 결론을 내림으로써 생각을 정리하게 한 것이다. 예컨대 "친구 하나도 못 사귀고 왕따가 되면 어떡하지?"라는 고민에 대해 "아니야, 이건 쓸데없는 생각이야. 나는 지금까지 잘해왔고 앞으로도 괜찮을 거야. 그리고 대학에는 다양한 사람들이 있으니 노력하면 얼마든지 나와 잘 맞는 사람들을 찾을 수 있을 거야" 같은 식으로 마음을 정리하는 것이다. 그리고 다른 한 집단의 학생들에게는 그날 있었던 일을 모조리 나열해서 쓰도록 했다(통제 조건).

그 결과 글을 통해 자신의 깊은 생각과 감정을 표현하고 정리할 기회를 가졌던 학생들은 그렇지 않았던 학생들에 비해 7주 후 마음을 괴롭히던 쓸데없는 생각들이 줄어든 것이 확인되었다. 즉 마음을 정리한 학생들은 "만약 이렇게 되면 어떡하지? 잘못되지 않을까?" 같은 머리 아프고 에너지만 많이 들 뿐 딱히 도움은 되지 않는 불필요한 생각들이 줄어든 것이다. 그리고 추가적인 분석 결과 불필요한 생각들이 줄어든 만큼 작업 기억도 향상된 것으로 나타났다.

작업 기억은 컴퓨터로 치면 메모리 같은 것으로 한꺼번에 여러 가지 정보를 얼마나 헤매지 않고 잘 처리하느냐 하는 것과 관련이 있다. 메모리가 적은 컴퓨터는 한꺼번에 여러 가지 프로그램을 돌리면 속도가 느려지고 버벅대지만 메모리가 큰 컴퓨터는 그런 현상이 거의 없다. 이와 마찬가지로 작업 기억이 잘 발달된 사람들은 다양한 능력을 한꺼번에 요구하는 복잡한 과제들(예를 들어, 눈으로 읽으면서 동시에 머리에서 내용을 재구성해내는 독해 작업)을 잘 해내곤 한다. 연구에 의하면 작업 기억이 뛰어난 사람들은 그렇지 않은 사람들에 비해 성적이 더 좋은 편이다.

정리하면, 글을 통해 마음을 표현함으로써 쓸데없는 생각들을 줄인 결과 뇌에서 메모리 용량이 늘어난 듯한 효과가 나타났다. 이렇게 필요 없는 생각을 멈춤으로써 우리는 쓸데없는 소모를 줄이고 진짜 중요한 일들을 훨씬 수월하게 잘해낼 여력을 갖추게 된다.

과학저널 〈사이언스〉에 실린 한 연구에서는 수학 등 긴장되는 시험 직전에 시험에 대한 두려움을 털어놓고 어떻게 하면 좋을지 잠시 쓰게 했더니 학생들의 시험 성적이 향상되었음을 보여주었다. 그리고 이 효과는 시험에 대한 불안이 큰 학생들일수록 더 크게 나타났다.[6]

간단한 글쓰기 하나로 이런 효과가 나타난다니 신기하기도 하다. 그만큼 '마음을 정리해보는 것'의 효과가 크다는 얘기일 것이다. 꼭 실제 상황이 나아지고 모든 문제가 해결되지 않는다고 해도, 단지 생각을 정리해보고 마음을 이렇게 저렇게 먹어보는 것만으로도 우리는 많은 문제들을 이겨낼 준비를 할 수 있을 것이다. 요즘 마음이 잔뜩 엉켜 있다면 책상에 앉아 차분히 글을 써보면 어떨까?

07

우리를 지켜주는 것
사회적 지지

아무리 감정을 다스려보려고 해도 생각처럼 쉽지 않을 때가 있다. 내 인생은 도대체 왜 이 모양일까 하는 푸념이 깊어지다가 이내 내 인생은 망했다는 극단적인 결론에 도달하며 심각한 우울감에 휘둘리는 것이다. 이렇게 생각의 나래를 펼치다가 도저히 혼자의 힘으로는 극복할 수 없을 것 같은 순간이 오면 나는 친구들에게 도움을 청한다.

'푸념회'라는 이름으로 정말 친한 친구 한둘과 누구 인생이 더 엉망인지 이야기하거나, 누군가에게 전화를 걸어 한두 시간 실컷 떠드는 것이다. 그러고 나면 어느새 마음이 후련해지는 것을 느낄 수 있다.

문제가 해결되지 않을지언정 나에 대한 주변 사람들의 지지를 온몸으로 느끼면 세상에 더 이상 무서울 게 없다는 생각이 들기도 한다. 세상을 허투루 살지 않았다는 안도감과 함께 자존감이 높아지기도 한다. 이상한 일이지만 때로는 일이 잘될 때보다도 잘 안 돼서 친구들의 격려를 받을 때 더 살아 있음을 느끼는 것 같다.

좋은 관계는 나를 높여준다

관계는 때론 끔찍한 스트레스의 원천이 되기도 하지만 좋은 관계만큼 스트레스를 극복하는 데 도움이 되는 것이 또 없다. 힘들 때 우리는 실제로 주변 사람들의 '사회적 지지social support'를 통해 큰 안정감을 얻는다. 여러 연구들이 가벼운 위로의 말이나 미소, 인사하게 끄덕여주는 모습만으로도 사람들의 심장박동, 혈압, 스트레스 호르몬(코르티솔) 수준이 낮아지는 등 스트레스가 저하된다는 것을 확인했다.[1]

아주 큰 스트레스의 경우는 어떨까? 예컨대 실직처럼 생계가 달린 문제에서도 사람들의 위로가 큰 힘을 발휘하게 될까? 공장 폐업으로 실직하게 된 노동자들을 대상으로 진행한 연구 조사가 있다. 이 조사에서는, 생계 수단을 잃게 된 힘든 상황에서도 주변에 마음을 나눌 만한 사람이 있었던 사람들(사회적 지지를 받은 사람들)은 그렇지 않은 사람들에 비해 스트레스를 덜 받고 혈압도 비교적 덜 높아졌다는 결과가 나왔다.[2] 아무리 힘겨운 상황이라도 진정으로 믿고 의지할 사람이 있으면 그래도 살아갈 수 있다는 말이 생각난다.

힘들 때 버팀목이 되어주는 존재로서 부모님의 역할도 매우 중요하다. 어렸을 때 조금만 상황이 불리하면 엄마나 아빠를 외치며 뛰어가서 매달리던 경험이 누구나 한 번쯤은 있을 것이다. 아마 부모님이 주는 안정감 때문이었을 텐데, 실제로 대학생들을 대상으로 실시한 연구에서 학생일 당시 부모님과 친밀하다고 느낀 사람은 그렇지 않은 사람들에 비해 심지어 30년 후에도 "힘들 때 믿고기댈 수 있는 사람들이 있다"는 믿음이 더 강한 것으로 나타났다.[3] 비교적 어렸을 때 가족관계에서 느낀 사랑과 지지가 오랫동안 삶을 안정적으로 지탱해준다는 것이다.

사회적 지지는 안정감을 줄 뿐 아니라 실제로 문제를 해결하게 하는 원동력이 되기도 한다. 현실적으로 도움이 되는 조언을 통해 문제 해결의 실마리를 얻을 수도 있고, "나를 도와주는 사람들이 있다"는 믿음만으로도 눈앞의 문제를 훨씬 해볼 만하다고 여기게 될 수도 있다.

도와주는 사람들이 곁에 있으면 혼자서는 해결하기 어려운 문제들도 해결할 수 있다고 느끼게 된다. 즉 사람들의 지지를 통해 일종의 통제감을 얻게 되는 것이다. 그리고 우리는 할 수 있는 게 아무것도 없다는 무기력에서 벗어나 다시 한 번 노력해보자고 마음을 다잡게 된다.

실제로 사회적 지지를 많이 느끼는 사람들은 어려운 일을 겪게 되면 문제를 무시하거나 회피하는 부정적인 대처 방법보다 문제에 직면하고 도전하는 적응적인 대처 방법을 보인다. 이들은 평소에도 비교적 채소나 과일 같은 몸에 좋은 음식을 더 많이 먹고 운동도 열심히 하며 담배도 덜 피우는 등 이른바 좀 더 착실하게 사는 모습을 보인다.[4]

사회적 지지와 건강 관련 연구들로 유명한 심리학자 셸던 코언Sheldon Cohen의 최근 연구에서는 다음과 같은 사실이 확인되었다. 스트레스를 많이 받고 있더라도 평소 사회적 지지를 많이 받고 특히 '토닥토닥 해주기'나 '껴안기' 같은 신체적 접촉을 자주 하는 사람들은 그렇지 않은 사람들에 비해 같은 바이러스에 노출되어도 병(상기도 감염)에 덜 걸리는 경향이 나타났다.[5] 이러한 현상은 각종 인구통계학적 정보, 각종 성격 특성들(원만성, 외향성, 신경증 등), 사람들과의 접촉 빈도 및 기초 건강 상태, 특히 바이러스에 대한 항체 수준과 상관없이 유효했다.

이렇게 든든한 관계는 심리적 안정감을 통해 스트레스를 줄여줄 뿐 아니라 열심히 살겠다는 삶의 의지도 높여준다. 힘들 때 토닥토닥 해주는 손길들은 어떤 감염의 위협으로부터 우리를 지켜주기도 한다. 여러모로 치유와 예방 효과가 만점이다.

내가 베푼 응원이 다시 나에게로

앞서 사람들과 마음을 나눔으로써 우리는 스트레스를 해소하고 다시 힘을 내게 된다는 이야기를 했다. 그런데 사람을 통해 재충전을 하는 효과는 우리가 평소에 사람들을 얼마나 챙기느냐에 따라 달라진다.

실험을 하나 살펴보자.6 사람들 앞에서 발표를 하게 하여 실험 참가자들에게 스트레스를 준다. 한 조건의 사람들은 무뚝뚝한 청중들을 대상으로 발표하게 하고(통제조건), 다른 조건의 사람들은 고개를 끄덕여주는 등 호의적인 청중을 대상으로 발표를 하게 한다(사회적 지지 조건).

실험 결과 이런 어려운 상황 속에서도 스트레스 정도에 차이를 가져오는 것이 있었다. 바로 발표자가 '평소에 얼마나 다른 사람들을 잘 챙기고 위했는지 여부'였다. 사람들을 평소에 잘 챙기고 위하는 사람들은 그렇지 않은 사람들에 비해, 사람들의 응원이 있을 때는 확실히 스트레스를 덜 받는 현상이 관찰되었다.

반면 평소에 다른 사람들을 비교적 잘 챙기지 않았던 사람들은 응원이 있을 때에도 응원이 없을 때와 마찬가지로 비슷한 수준의 스트레스를 받는 현상이 나타났다.

즉 평소에 사람들을 잘 챙긴 사람들은 응원의 효과를 톡톡히 본다는 것이다. 반면 평소에 사람들을 잘 챙기지 않는 사람들에게는 응원의 효과가 거의 나타나지 않았다. 이렇게 같은 사회적 지지라고 해도 모든 사람에게 똑같은 결과를 가져오는 것은 아니다.

베푼 만큼 받게 된다는 말이 떠오르지 않는가? 이러한 효과에 대한 설명으로 연구자들은 관계가 항상 '상호적'이라는 점을 강조한다. 보통의 인간관계에서는 내가 믿어주는 만큼 상대방도 나를 믿어주고 내가 사랑하는 만큼 상대방도 나를 사랑해주는 현상이 나타난다.

평소에 사람들을 많이 챙기고 위해주는 사람들은 그만큼 사람들로부터 진심 어린 응원을 받은 경험이 이미 많을 거라는 얘기다. 그리고 이런 경험은 어려울 때 사람들로부터 필요한 도움을 받을 수 있을 거라는 안정감과 자신감으로 이어진다. 반대로 평소에 타인을 격려하고 지지해주지 않으면, 칭찬이나 응원을 받았을 때 "재가 나한테 왜 그러는 거지", "그냥 하는 말이겠지"라며 다른 사람의 호의를 잘 믿지 못하게 된다. 누군가를 진심으로 칭찬하고 응원해본 경험이 없으면, 그걸 받는 것도 잘 못 한다는 것이다.

당신은 어떤 사람인가? 평소에 사람들을 많이 챙기고 진심으로 위하는 편인가? 사람들이 당신에게 진심 어린 응원이나 무관심 중 어떤 것을 줄 거라고 생각하는가? 만약 진심 어린 응원이라는 게 뭔지, 그런 게 정말 가능한 것인지 의심스럽다면, 내가 사람들을 진심으로 위해준 적이 별로 없었던 것은 아닌지 한번 생각해보자. 내가 누군가를 진심으로 응원한 적이 없다면 나에 대한 사

람들의 지지를 잘 이해할 수 없을 것이다. 사람들의 응원이 별로
와 닿지 않는 경우 어쩌면 그들보다 내가 문제일 수도 있다는 점
을 기억하자.

긴장과 불안에 새 이름 붙이기

우리는 살면서 때때로 불안과 긴장 상황을 만난다. 손에 땀이 잔뜩 나고 입술이 바싹 마르고 심장 박동이 상승하며 심할 때는 속이 울렁거리거나 눈앞이 아찔해지기도 한다.

불안과 긴장은 보편적인 것이지만 너무 과하면 수행을 방해하는 효과가 나타난다. 긴장이 우리의 정신 활동에 필요한 에너지를 급속도로 소모해버려서 정작 수행에 필요한 에너지를 부족하게 만드는 것이다. 긴장은 사람을 무기력하게 만들기도 한다. '자신감 부족', '할 수 있는 게 없다는 느낌(낮은 통제감)'을 동반하며, 쉽게 포기해버리게도 한다.

이렇게 과한 긴장과 불안은 삶의 걸림돌이 될 수 있다. 하지만 그렇다고 해서 이것들이 전혀 필요 없거나 나쁘기만 한 것은 아니다. 적당한 불안은 각종 위험을 지각하고 대비하는 데 큰 도움을 준다. 예를 들어 발등에 불이 떨어지면 그제야 움직이는 사람들의 경우 지금 움직이지 않으면 큰일이 날 거라는 불안감이 동력이 된다.

지나칠 때는 해가 되지만 적당할 때는 득이 되는 긴장과 불안. 그렇다면 우리는 이것을 잘 조절하며 살아야 하지 않을까? 사람들은 흔히 불안이나 긴장을 느낄 때 진정함calm down으로써 긴장을 억누르려고 한다. 하지만 연구들에 의하면 감정을 무작정 회피하거나 억압하는 것은 별로 효과적이지 않고 역효과만 날 뿐이라고 한다. 또 최근 〈실험심리학 저널Journal of experimental psychology〉에 실린 한 연구에 의하면 불안을 억누르는 것보다 '나는 지금 불안한 게 아니라 신난 것excitement'이라고 감정을 재해석해보는 것

이 불안감을 조절하는 데 훨씬 효과적이라고 한다. 즉 감정의 이름을 바꿔보는 것이다.[1]

연구자들은 일련의 실험을 통해 발표를 하거나 수학시험을 보는 등 긴장도가 높아지는 상황에서 "진정해야지" 하고 스스로 되뇌거나 별다른 생각을 하지 않은 사람들에 비해 "나 지금 좀 신난 것 같아"라고 되뇌어본 사람들이 훨씬 자신감 있는 모습으로 끈기 있게 수행에 임하며 좋은 성적을 거두는 현상을 확인하였다. 혼잣말로 "신난다!"라고 중얼거리거나 그렇다고 생각해보는 것만으로도 꽤 큰 효과를 얻었다.

이런 현상은 어떻게 가능한 걸까? 우리는 자신의 감정에 대해 잘 알지 못하는 경우가 많다. 그래서 "스멀스멀 올라오는 이 이상한 감정은 뭐지?" 하고 아리송할 때 감정을 어떻게 해석하느냐에 따라 우리의 최종 경험은 달라진다. 긴장을 신남으로 바꾸는 것 역시 '감정은 해석하기 나름'이라는 효과를 이용한 것이다. 긴장과 신남은 기본적으로 신체적 각성 수준이 높다는 점에서 통하는 면이 많은 정서이기 때문에 정말 긴장 상태였더라도 "그게 아니라 신난 거야"라는 해석을 붙이면 비교적 납득이 잘 된다는 것이다. 반면 '진정'이라는 상태는 긴장된 몸 상태와 정반대의 감정이기 때문에 아무리 억지로 되뇌어도 받아들이기 어려울 수밖에 없다.

이렇게 정서를 각성 수준이 비슷한 다른 정서로 라벨링labeling하기는 꽤 유용해 보인다. 지나친 긴장 때문에 낭패를 본 경험이 있다면 한번 시도해보면 어떨까? 삶과 함께 계속될 불안과의 동행이 조금은 수월해질 것이다.

Part 3

마음
다치지
않게

마음이 아파도
잘 살 수 있을까?

01

고통과 마주하는 시간

불행 직시

살다 보면 일상적인 스트레스 이상의 고통들이 찾아올 때가 있다. 피할 수 있다면야 좋지만 그럴 수 없다면, 그것에 현명하게 대처하는 법을 알아두어야 할 것이다. 인생에 고통이 찾아왔을 때 어떻게 살아가면 좋을지, 어떤 마음으로 그것을 마주보면 좋을지 말이다.

이러한 준비는 삶의 태도 등 내면의 밑바닥을 들여다보는 작업이기도 하다. 예측 불가능한 삶을 지나치게 통제하려고 했던 모습이라든지, 좋은 결과에 대한 무조건적인 강박이라든지 하는 것들 말이다. 인생에 고난이 찾아올 것을 대비해두면 예기치 못한 상황을 만났을 때, 고통을 직면했을 때 그대로 쓰러져 꿈쩍도 못 하는 대신 툭툭 털고 다시 일어날 수 있는 힘을 얻게 될 것이다.

나에게도 불행이 올 수 있다

앞서 이야기했듯 일반적으로 '나쁜 일'은 우리의 예상보다는 덜 심각하기 때문에 막상 겪으면 어떻게든 버티게 된다. 그리고 나쁜 일이 찾아왔을 때 살아남느냐 죽느냐 하는 문제보다 더 큰 문제는 그때의 고통을 견디는 과정과 태도다. 왜냐하면 억울함이라는 감정이 우리를 힘들게 할 것이기 때문이다.

우리는 살면서 무슨 일이 생기면 "왜 나한테 이런 일이?" 같은 생각을 한다. 이런 생각에 한번 빠지면 그 일의 영향력이 어떻든 간에 억울하고 짜증나고 우울한 감정이 마구 밀려온다. 세상에서 내가 제일 불쌍한 인간인 것 같은 생각도 든다. 아무 탈 없이 잘 살고 있는 사람들을 부러워하고 살짝 시기하기도 한다. "왜 나만?"이라는 생각에 피해의식도 생긴다.

나 또한 그런 생각으로 괴로웠던 적이 있다. 그런데 그때 "이런 일이 생기면 안 되는 이유라도 있어?"라는 질문을 스스로에게 던져 보니 딱히 할 말이 없음을 알게 됐다. 누구든 생길 수 있는 일이고 나는 그 누구 중 하나일 뿐이라는 생각이 들었기 때문이다.

한 연구 조사에서는, 타인에게 예기치 못한 사고, 질병, 불의한 일 등의 나쁜 일이 일어날 확률이 얼마나 될지 사람들에게 물어보면 꽤 합리적인 대답을 내놓는다고 밝혔다. 반면에 그 나쁜 일들이 자기 자신에게 일어날 확률에 대해 물으면 대답이 달라진다

고 한다.[1]

남들에게는 때때로 운이 나쁘고 좋지 못한 일들이 생길 수 있지만, 사람들은 대부분 자기 자신에게는 그런 일들이 생기지 않을 거라고 생각한다. 우리는 사건사고를 겪은 많은 사람들이 내게 이런 일이 일어날 줄은 꿈에도 몰랐다고 말하는 걸 종종 듣는다. 우리의 자기지각은 이렇게 자기 좋을 대로 편향되어 있다.

우리는 스스로 다른 사람들보다 뭔가 더 나을 것이라고 생각하는 편이고 자신의 느낌이나 판단을 과신하기도 한다. 하지만 좀 더 정확한 자기지각은 나 역시 어떤 일이든 겪을 수 있는 평범한 인간이며 타인들처럼 이런저런 사건사고를 겪을 수 있음을 아는 것이다.

이것은 지혜와도 맞닿아 있다. 심리학자 폴 발테스Paul Baltes에 따르면 지혜와 지능은 서로 다르다. 지혜에는 삶을 살아가는 데 중요한 실용적 지식에 더해, 삶의 복잡성과 불확실성, 모순성 등에 대한 이해와 자신의 한계에 대한 이해, 그리고 사람은 서로 다를 수밖에 없음을 받아들이는 것(관용) 등이 포함되어 있다.[2]

내 뜻대로 모든 것을 통제하는 것은 불가능하며 때로는 모든 걸 통제하려는 것이 옳지 않다는 사실을 아는 것(불확실성을 인지하는 것)이 중요하다. 뒤에서 소개할 너그러움 관련 연구들에 비추어볼 때도 이러한 사실을 잘 받아들이는 사람들이 그렇지 않은 사람들에 비해 쉽게 좌절하지 않고 삶의 어려움도 비교적 덤덤하게 받아들이며 자기 자신이나 타인에 대해서도 이해력과 포용력이 더 높고 관대하다.

삶은 원래 항상 누구에게나 어렵고 복잡한 것임을 아는 것, 즉 삶을 '얕보지 않는 것'이 성숙의 중요한 조건이다. 사실 내가 뭐라고 왜 항상 모든 걸 내가 원하는 대로 해내야 하는 걸까? 그리고 그렇지 않으면 왜 늘 좌절해야 하는 걸까? 무언가 굉장한 걸 내 뜻대로 해내지 못했다고(통제하지 못했다고) 해서 크게 좌절하는 건 어쩌면 조금 오만한 일일 것이다. 똑같은 인간으로서 미숙한 점이 있는 게 더 자연스럽고 당연한 일이다. 결국 이런 점에서 삶에 대한 겸손과 성숙은 맞닿아 있다.

타인의 눈으로 나를 보기

우리는 남의 문제에 대해서는 "별것 아닌 일로 왜 그렇게 걱정해" 또는 "좌절할 필요 없어. 잘할 수 있을 거야"라고 말하며 희망적인 말을 해준다. 냉철하게 문제를 꼬집으며 명확한 해결책을 제시해주기도 한다. 이렇게 남의 일에 대해서 사람들은 침착함과 객관성을 유지하며, 희망적이기까지 하다.

하지만 막상 자기 문제를 대할 때는 어떤가? 객관적이고 긍정적이던 모습은 온 데 간 데 없고 남에게 조언해줄 때는 절대로 하

때로는 나 자신의 문제에 있어서도
스스로의 시각보다
타인의 시각을 빌릴 때 더
현명한 판단을 할 수 있게 된다.

지 말라던 심한 걱정과 성급한 포기를 스스로 하고 있다. 타인의 문제를 조언할 때처럼 내 문제를 대할 때도 지혜로우면 좋을 텐데, 왜 그게 그렇게 어려운 걸까?

앞에서 이야기했듯 우리의 자기지각은 온전하지 못하다. 그렇기 때문에 때로는 나 자신의 문제에 있어서도 스스로의 시각보다 타인의 시각을 빌릴 때 더 현명한 판단을 할 수 있게 된다. 한 실험에서 연구자들은 실험 참가자들에게 경기 침체가 자신에게 어떤 영향을 미칠 것인지, 이러한 상황에서 취업이 가능할 것인지 물어보았다.[3] 이때 한 집단의 참가자들에게는 사건을 자기 자신으로서, 즉 1인칭 시점으로 상상하도록 했고, 다른 한 집단의 참가들에게는 타인으로서, 즉 3인칭 시점으로 상상하도록 했다.

누가 더 지혜로운 판단을 했을까? 자기 안에 갇힌 눈앞의 시점에서 벗어나 3인칭 시점을 취한 사람들은 1인칭 시점으로 상상한 사람들에 비해 자신의 지식과 예측력을 덜 과신하고 불확실성을 더 잘 받아들이는 경향을 보였다. 예컨대 3인칭 시점을 취한 사람들은 "경기 침체가 좋지 않은 영향을 미칠 것 같지만 나의 예측은 완벽하지 않다. 나의 주관적 느낌과 다르게 침체 상황은 바뀔 수도 있다"고 하는 등 훨씬 유연하고 극단적이지 않게 예측했다. 연구자들은 이렇게 자신의 지식과 예측을 과신하지 않는 겸손한 태도야 말로 삶의 불확실성에 유연하게 대처할 수 있는 지혜의 기본이 된다고 말했다.

우리는 자신의 문제를 맞닥뜨린 뒤 위급함과 두려움 등의 감정에 휩쓸리게 될 때 냉철한 판단을 내리지 못한다. 타인의 문제에 대해서는 냉철하게 판단할 수 있는 것과 다르게 말이다. 그러니 발등에 불이 떨어진 것처럼 급할수록, 속이 타 들어갈수록 성급한 결정은 피하자. 그런 상황에서는 자신의 판단을 믿는 것 또한 조심하는 것이 좋다. 그리고 가능하다면 남의 문제를 보듯 한 발짝 떨어져서 차분하게 생각해보자. 그러면 자신의 문제에 대해서도 다른 사람들에게 주었을 자신만만하고 당연한 조언이 떠오를 것이다.

목표 앞에 성급한 우리

이렇게 사람들은 타인의 문제는 냉철하게 잘 판단하다가 막상 자신의 문제가 닥치면 감정의 소용돌이에 휘말려버리고 온전한 판단을 내리지 못한다. 그 과정에서 일단 급한 불부터 끄자며 문제를 성급하게 해결하려 들고, 그러면서 하지 않아도 되는 고생을 더 하게 되기도 한다. 급하다고 눈 가리고 아웅 하는 식의 근시안적인 해결책에만 몰두하는 경우가 많기 때문이다.

사람들에게 무거운 상자를 목표 지점까지 옮겨야 하는 과제를 준다. 상자는 두 군데에 위치해 있다. 하나는 나에게는 가깝지만 목표 지점에는 멀리 있고(상자 A), 다른 하나는 나에게는 멀리 있지만 목표 지점에는 가까이 있다(상자 B). 둘 중 아무 상자나 옮겨도 된다. 두 상자 중 어떤 상자를 옮기겠는가?

당신은 아마 목표 지점과 가까운 곳에 있는 상자 B를 옮기는 것이 더 나을 거라고 생각할 것이다. 상자 A를 옮긴다면 더 오랫동안 상자를 들어야 하니까 말이다. 하지만 데이비드 로센바움David Rosenbaum 등의 연구에 의하면 대부분의 사람들이 상자 B가 아닌 상자 A를 들어서 목적지까지 옮기는 현상이 관찰되었다고 한다.[4]

왜일까? 보통 간단한 목표 하나를 실현하는 데에도 다양한 부수적 목표들이 수반된다. 예컨대 위의 과제에서 최종 목표는 목표 지점까지 상자를 옮기는 것이다. 그러려면 우선 상자를 들어야 한다. 이것이 첫 번째 부수적 목표이자 과정이다. 그런데 우리는 보통 해결해야 하는 과제를 앞두고 마음이 급하다. 빨리 끝내버리고 싶다. 그러다 보니 부수적 목표는 깊이 생각하지 않고 그냥 성급하게 해치워버리는 것이다. 그 결과 바로 앞에 있는 상자를 덥석 집어 들고 만다. 그렇게 힘을 들일 필요가 없는 과제인데도 결국 쓸데없이 많은 힘을 쓰는 것이다.

우리는 때로 목표 달성에 대한 성급함, 빨리 해치우고 싶은 마음 때문에, 비합리적인 선택을 한다. 나 또한 문제를 앞두고 있을 때 당장 뭔가 하지 않으면 안 될 것 같은 불안감 때문에, 또는 귀찮아서 빨리 해치워버리려는 마음 때문에 앞뒤 보지 않고 움직일 때가 종종 있다. 예를 들어, 가전제품이나 가구를 조립할 때 설명서를 보지 않고 무작정 끼워 맞춰버리다가 결국 잘 되지 않아 모두 해체한 뒤 다시 시작하곤 한다. 처음부터 설명서를 찬찬히 읽고 시작했으면 시간도 아끼고 힘도 덜 들었을 텐데, 성급함이 비합리적 선택을 하게 한 것이다.

급할수록 돌아가라는 말이 있다. 개인적으로는 이 말을 여기에 적용하여, 아무리 마음이 급해도 부수적인 목표(과정)를 건너뛰지 말 것, 사실 확인도 하지 않은 채 일을 진행시키지 말 것이라는 교훈을 얻는다.

삶은 누구에게나 힘들고, 때론 우리의 행동거지와 상관없이 안 좋은 일들이 터지기도 하며, 예측하지 못하는 것 또한 당연하다. 그러니 조금 더 너그러워져보는 건 어떨까? 나 자신과 타인, 또 세상의 일들에 대해서 말이다. "충분히 있을 수 있는 일이고, 이 일이 생겼다고 해서 내가 망하진 않을 거야. 극복할 수 있다고"라고 생각해보자. 그리고 그다음 제3자의 시선으로 현실을 직시하고 현명하게 대처해보자.

02

선함과 악함의 경계
이분법적 사고

보통 안 좋은 일이 생기면 "내가 뭘 잘못했기에 나에게 이런 일이!" 라는 생각이 들 때가 있다. 이렇게 우리는 나쁜 일은 나쁜 사람에게만 생기고 착한 사람에게는 좋은 일만 생긴다고 여기는, 다소 안이한 현실관을 갖고 있다.

이렇게 세상이 뿌린 대로 거두는 곳이라는 믿음을 가져야만 노력만 하면 다 잘될 거라는 희망을 가질 수 있다. 뿐만 아니라 나쁜 일을 하지 않으면 나쁜 일이 생기지 않을 거라는 통제감 또한 가질 수 있다.

반대로 삶이 늘 생각처럼만 흘러가지 않음을 아는 것은 희망과 통제감을 모두 잃어버리는 상당히 괴로운 일이 된다.

잘못이 있으니까 벌을 받지

조금 이상해 보일 수도 있지만, 사람들은 세상이 아직 살 만하다고 생각하기 위해 불의한 일을 겪은 피해자들을 비난하기도 한다. 이런 현상을 잘 보여주는 연구가 있다. 어떤 사람이 폭행이나 놀림을 당하고 있는 영상이나 강간 등 범죄 피해자의 사진을 보여주면, 실험 참가자들은 그들에 대해 뭔가 잘못한 게 있으니 그런 일을 당했을 거라고 생각하는 경향이 나타난다. 아무 잘못이 없을 수도 있는데 말이다.

연구에 의하면 심지어 병에 걸린 사람들에 대해서도 그 사람이 뭔가 잘못한 게 있으니까 병에 걸렸을 거라고 생각하는 경향이 나타난다.[1] 또 사람들에게 아무 잘못이 없는데 큰 해를 입은 사람에 대한 이야기를 들려주면, 혼란스러워 하다가 "잘못이 없는데 그런 일을 당했을 리가 없어", "뭔가 있을 거야" 같은 반응을 보이며 피해자와 거리를 두려고도 한다.[2]

이에 대해 연구자들은 "사람들은 세상이 아직 공정하고 살 만하다는 믿음을 유지하기 위해, 그리고 나쁜 일을 당한 사람들은 그럴 만한 이유가 있는 사람들이기 때문에 나는 괜찮을 거란 통제감을 유지하기 위해 피해자를 비난한다"고 설명한다.[3]

결국 이런 식의 비난은 자기 자신을 향하기도 한다. 안타깝게도 피해자 상당수가 "내가 뭔가 잘못하지 않았을까?" 하는 생각에 시달린다. 또 좀 더 조심했더라면, 처신을 잘했더라면 하고 생각하며 자기혐오와 수치심에 빠지기도 한다.[4]

따라서 피해자들은, 누구도 그 상황을 예측할 수 없으며 보통 사람이라면 누구나 그 상황에서 완벽한 대처를 할 수 없었을 거라고 인식하려는 노력이 필요하다. 머릿속을 어지럽히는 여러 '만약의 상황들'을 지워내야만 한다.

이때 주변 사람들은 "네겐 잘못이 없어"라는 이야기를 해주는 것이 좋다. "그러니까 조심하지 그랬어"라는 말은 전혀 도움이 되지 않고 상처만 남긴다. 굳이 옆에서 말하지 않아도 피해자는 이미 여러 '가정'과 수치심으로 만신창이가 되어 있을 확률이 높다.

한편 사람들은 이미 사건이 다 벌어지고 인과가 어느 정도 밝혀진 다음에야 "그럴 줄 알았어"라면서 상황을 예상한 듯이 얘기하는 경향이 있다. 하지만 이는 보통 '후건지명 효과'라는 착각에 가깝다. 관련 정보가 거의 없는 초기 상태로 돌아가면 그렇게 말한 사람 또한 갈팡질팡할 확률이 높을 것이다.

문제의 원인을 갖다 붙이는 데에도 우리는 많은 오류를 범한다. 예컨대 같은 행동을 했어도 별 문제가 없었다면 비난하지 않지만, 뭔가 피해를 입으면 갑자기 그 행동을 문제 삼기 시작한다. 빨간색 옷을 입고 데이트를 했다는 얘길 들었을 때 처음엔 호의적으로 반응하다가, 추행을 당했다고 얘기하면 "그 빨간 옷이 문제였다"라면서 손가락질하는 것이다.[5] 똑같은 피해를 당해도 피해자

가 남성일 때보다 여성일 때 피해자를 비난하는 현상이 더 강하게 나타나기도 한다.[6]

　따라서 안 좋은 일을 겪었다고 해서 나에게(또는 타인에게) 하자가 있거나 그럴 만한 이유가 있었다고 생각하는 것은 바람직하지 않다. 하지만 평소 존중을 받아보지 못한 사람들은 "나는 인신공격을 당해도 싸다"는 태도를 갖고 있다. 나의 경우에도 얼마 전까지 무언가를 잘해내지 못하면 못난이, 바보, 쓸모없는 인간 등의 비하와 인신공격을 당하는 것이 당연하다고 생각했다. 그런 얘기를 들으면서도 "내가 잘못했으니까 어쩔 수 없지"라고 여겼고, 다른 사람에 대해서도 그 사람의 잘못 때문에 비난을 받는 것이라고 여겼다. 심지어 내가 그 사람을 비난할 자격이 있다고도 생각할 뻔했다.

　그런데 얼마간 타 문화권에서 생활해보니, 인간이 다른 인간을 비난하고 상처 줄 권리는 조금도 없다는 사실을 깨달았다. 그건 아주 무례하고 몰지각한 행동이라는 것을 말이다. 세상에 그런 일을 당해도 싼 인간은 없다.

사람 잡는 작은 합리화

나는 절대 누군가에게 나쁜 놈이 아닐 거라고 장담할 수 있을까?

바우마이스터 등의 학자들은 다음과 같은 연구를 했다. 실험 참가자들 중 한 조건의 사람들에게는 누군가에 의해 화가 났던 경험(피해 경험)을, 또 다른 조건의 사람들에게는 누군가를 화나게 한 경험(가해 경험)을 써보라고 했다.[7]

그 결과 피해 경험을 쓴 사람은 자신이 피해를 본 일에 대해 아직도 이해가 되지 않으며 있을 수 없는 일이었다고, 또 시간이 많이 지난 지금까지도 억울한 감정과 상처가 그대로 남아 있다고 서술했다. 즉 장기적으로 정서에 영향이 있음을 드러냈다.

반면 가해 경험을 쓴 사람들은 "다들 한 번쯤은 그러잖아?", "사람이 살다 보면 작은 실수 정도는 할 수도 있지 뭐"라며 그 일은 충분히 일어날 법한 일이며 누구나 한 번쯤은 할 만한 실수였다고 서술했다. 즉 단편적인 사건에 지나지 않는다고 한 것이다.

실험 결과에서 알 수 있듯, 많은 사람들이 "내가 받은 피해는 있을 수 없는 일이고 정말 오래도록 영향력이 미치는 일이지만, 내가 남한테 준 피해는 있을 수 있는 일이고 단기적 영향밖에 주지 않는다"고 생각한다. 그야말로 '네가 하면 불륜이지만 내가 하면 로맨스'다.

한편 범죄자들이 흔히 보이는 사고에 다음과 같은 것들이 있다. "금융인이나 정치인은 온갖 불법적이고 비윤리적인 행동을 하고도 멀쩡하다. 그에 비하면 내 잘못은 잘못도 아니다. 불공평하다." "많은 잘못을 저질렀지만 나도 속마음은 착한 사람이다." "고자질만 당하지 않았으면 잡히지 않았을 거다.""따지고 보면 나는 사회에 빚진 게 없다.""내가 빼앗지 않더라도 어차피 다른 누군가가 빼앗았을 것이다.""해칠 의도는 없었으므로 죄가 아니다."

그런 의미에서 생각해보면 인간이 엄청난 짓을 저지르는 데에는 많은 것이 필요하지 않은 것 같다. 흔히 생각하는 엄청난 악의 같은 것도 필요 없고 '작은 합리화' 하나면 충분할 것이다. 따라서 도덕이나 사회 정의를 논할 때 사회 어딘가에 숨어 있는 거대한 악의 존재도 주시해야 하지만 우리 안에 있는 작은 합리화들도 똑바로 쳐다보고 감시하지 않으면 안 된다.

죄책감의 이중성

죄책감은 재미있는 감정이다. 죄책감으로 인해서 죄를 저지르지 않게 되기도 하지만, 이로 인해 오히려 피해자나 사회적 약자들을 비난하게 되기도 한다. 죄책감을 느끼는 사람이 오히려 "네가 당할 만했으니까 당했겠지" 같은 잔인한 말을 한다는 것인데, 정말로 그럴까?

한 연구에서 사람들에게 노숙자나 전쟁을 겪은 사람 등 상당히 어려운 상황에 처해 있는 사람들을 찍은 사진 15장을 보여주었다. 그리고 사진을 보며 각각 다음의 세 가지를 하게 했다.[8]

- 조건 1: 동정심을 최대한 억누르기.
- 조건 2: 기분이 나빠지지 않도록 노력하기.
- 조건 3: 아무것도 시키지 않음.

조건 1 사람들의 경우 "세상에 저런 사람들이 한둘이야? 불쌍하게 여길 것 없어"라고 생각하며 동정심을 억눌렀을 것이다. 그러고 난 다음 연구자들은 사람들에게 여러 도덕적 기준이 언제나 꼭 지켜져야 하는지, 도덕적 인간이 되는 것이 스스로에게 얼마나 중요한지 물었다.

그 결과 조건 1의 동정심을 억누른 사람들이 도덕은 그때그때 상황에 따라 지켜도 되고 안 지켜도 된다는 식의 태도를 가장 많이 보이고 도덕적 인간이 되는 것은 덜 중요하다는 응답을 했다.

동정심을 억누른 경험이 죄책감을 일으켜 더 도덕적인 마음을 가지게 되어야 하지 않을까? 그런데 연구 결과는 왜 그 반대로 나타날까? 연구자들은 그 이유가 인지부조화 때문이라고 말한다. 도와주지 않은 데에 대한 죄책감과 실제 나의 행동(도와주지 않음) 사이의 괴리를 생각의 전환을 통해 메운다는 것이다. "내가 나쁜 게 아니라 원래 별로 도와줄 가치가 없는 사람들이었어"라는 식으로 말이다.

매우 고통스러운 감정인 죄책감을 해소할 만한 좋은 방법이 없으면 오히려 "나나 사회가 잘못된 게 아니라 애초에 걔들이 문제

였던 거야. 당할 만하니까 당한 거라고. 동정하지 않아도 돼"라는 식으로 생각을 바꾸며 죄책감을 덜게 된다는 것이다.

우리는 주변에서도 흔히 이런 일들을 볼 수 있다. "네 이야기를 듣는 것만으로도 내가 너무 괴로우니 이젠 그만해라. 듣는 것만으로도 심장이 떨린다"라고 말하며 피해자에게 등을 돌리는 것이다. 뿐만 아니라 아무리 공감 능력이 뛰어나고 이타심이 많은 사람이라고 하더라도 그 불의가 나와 관련 있는 문제가 되고 내가 견뎌야 할 죄책감으로 돌아오면 이내 무너지는 경우가 많다. "내가 나쁜 게 아니야!"라고 외치며 그 일로부터 도망치는 것이다. 이렇게 죄책감을 자극하는 것이 반드시 좋은 결과를 낳는 것은 아니며, 오히려 피해자들을 고립시키는 결과를 가져올 수도 있다.

이것은 아마 우리 모두에게 해당되는 이야기일 것이다. 아무리 사회 정의를 생각하는 척, 도덕 수준이 높은 척해도, 결국 우리는 나 자신이 고통 받지 않는 것을 가장 중요하게 여긴다. 결국 우린 약하고 꽤나 시시한 존재다.

이렇게 나 자신의 시시함을 직시하고 난 뒤 다음과 같은 질문을 스스로에게 던져보곤 한다. "나의 죄책감을 건드리는 일 앞에서, 또 멀리 있는 누군가의 일이 아닌 나 자신과 관련 있는 일 앞에서 나는 나의 가치관과 정의에 따라 행동할 수 있을까?"

03

고통으로 얻는 것
의미 찾기

사람들은 흔히 목표를 설정할 때 달성한 뒤의 모습을 상상하곤 한다. "시험에 합격하면 이 구질구질한 생활도 끝이고, 핑크빛 미래가 펼쳐질 거야!" "운동을 해서 근육 좀 생기면 여자들이 줄을 서겠지?" "매일 커피 값을 아끼면 몇 년 후엔 꽤 부자가 되어 있을 거야!" 밝은 미래를 상상하며 목표 달성에 대한 의지를 북돋우는 것이다.

"잘하면 나도 저 자리에 있을 수 있다"는 메시지는 무척 달콤하다. 머릿속에서 미래의 내 모습을 그려보는 동안에는 정말 현실이라도 된 듯 기분이 좋아지기도 한다. 그런데 이렇게 성공 이후를 상상해보는 일들이 목표를 달성하는 데 도움을 주긴 하는 걸까? 혹시 오히려 방해가 되는 건 아닐까?

걸림돌이 디딤돌로 바뀌다

목표 달성 및 자기통제 관련 연구자들은 다음과 같은 큰 결론을 내렸다. "우리가 목표 달성에 실패하는 이유는 목표 달성을 하고 싶지 않아서가 아니라 목표를 달성하고 싶다는 마음이 든 '다음'을 잘 관리하지 못해서이다."

예를 들어 '시험에 합격하고 싶다'는 동기 부여 및 목표 설정을 한 다음에는, '구체적으로 어떻게 공부할 것인지' 계획을 세우고, '아침 9시부터 저녁 6시까지 독서실에서 공부하기'처럼 실행하는 단계로 넘어가야 한다. 그런데 우리는 보통 이러한 다음 단계를 잘 수행하지 못한 채 목표 설정 단계에서 멈춰버린다는 것이다. 아무런 계획도 세우지 않고 실천도 하지 않으면 당연히 아무것도 되지 않을 것이다. 우리는 이런 사실을 잘 알고 있다. 그런데 왜 만날 이 모양인 걸까?

대부분의 큼직한 목표들은 그 속을 잘 들여다보면 100미터 달리기 같은 단기 과제가 아니라 마라톤 같은 장기 과제인 경우가 많다. 하지만 많은 경우 우리들은 이 사실을 간과한다. 많은 시간과 노력이 필요한 일이라고 충분히 인지하고 있다고 생각해도, 실은 매우 과소평가하고 있을 가능성이 높은 것이다.

실제로 사람들에게 어떤 목표에 대해 계획을 짜보라고 하면 그 계획을 수행하는 데 들어가는 시간과 노력을 실제보다 절반 정도로 과소평가하는 현상이 보편적으로 나타난다. 익숙하고 잘 아는 일인데도 말이다. "이 정도 시간과 노력이면 충분할 거야." 하지만 이런 예측은 매우 안이하고 비현실적인 경우가 많다. 이런 경우를 심리학 용어로 '계획 오류planning fallacy'라고 한다.1 많은 사람들이 목표 달성의 시작과 끝에만 주목하고 과정은 별로 고려하지 않는다. 사실 목표 달성에 있어서는 과정이 더 큰 비중을 차지하는데 말이다.

이렇게 목표 달성을 원하면서 진지하게 그 과정에 임하는 사람들은 생각보다 많지 않다. 따라서 심리학자들은 오랜 시간 동안 "어떻게 하면 사람들이 목표를 설정한 다음 단계를 잘 수행할 수 있을까?" 하고 궁금해했다.

심리학자 가브리엘레 외팅겐Gabriele Oettingen은 '정신적인 대조mental contrasting'라고 이름 붙인 방법을 제시했다.2 바로 이루고 싶은 목표와 함께 그것을 방해하는 장애물을 떠올리는 것이다. 외팅겐은 실험 참가자들에게 여러 가지 목표(건강한 음식 먹기, 단어 외우기 등)를 주고 두 조건으로 나누어 실험을 진행했다. 한 조건의 사람들에게는 그 목표를 달성하면 얼마나 기쁠지 상상해보라고 했다. 또 다른 조건의 사람들에게는 먼저 그 목표를 달성하면 얼마나 기쁠지 상상해보게 한 뒤, 목표 달성을 방해하는 것들(생활 습관, 게으름, 산만함, 주위 환경 등)이 무엇인지도 상상해보게 했다.

두 번째 조건에서는 좋은 결과와 그것을 방해하는 것들을 함께 떠올리게 한 것이다. 그 결과, 기분 좋은 꿈만 꾼 사람들에 비해 꿈과 함께 이 꿈을 방해하는 장애물들을 함께 떠올린 사람들이 훨씬 목표 달성률이 높은 것으로 나타났다.

우리는 긍정의 힘을 맹신한다. 긍정적으로 무조건 될 거라고 믿으면 마음도 편안해지고 정말로 이루어진다고 믿는다. 그런데 이 연구에서는 목표 달성을 방해하는 걸림돌을 고려했을 때 일이 더 잘 될 수 있다는 결과를 보여주었다. 왜 이런 결과가 나왔을까?

연구자들은 밝은 미래만 떠올릴 경우엔 보통 목표를 위한 과정으로 들어가지 못하고 목표 설정만 한 채 끝이 나버리고, 목표 달성에 방해가 되는 걸림돌을 떠올릴 경우엔 자연스럽게 과정으로 들어가는 첫 번째 발걸음을 내딛는 셈이 된다고 이야기한다. 꿈에서 현실로 소환되는 효과가 있다는 것이다. 현실적으로 나에게 어떤 노력이 필요한지 생각해보면서 간략하게나마 구체적인 계획을 세우게 되고, 이 과정에서 (중요한 요소인) 해볼 만하겠다는 자신감과 실천하려는 의지도 생긴다고 한다.

따라서 꿈은 꾸되 현실적인 상황도 함께 고려하는 것이 그 꿈을 현실로 만들기 위해 꼭 필요한 일이라고 할 수 있겠다. 그렇다고 현실에서 가능한 꿈만을 꾸라는 건 아니고, 자신의 꿈을 위해 넘어야 할 산은 무엇인지, 어떤 능력을 갖추어야 하는지 생각해보자는 말이다. 긍정의 힘에 더해 현실의 힘을 믿어보는 것도 좋은 방법일 것이다.

고난 속 의미 찾기

인간은 의미를 찾는 동물이다. 달 표면에서 토끼를 찾아내고, 아무렇게나 찍힌 점에서 순식간에 얼굴 모양을 찾아낸다. 아이들도 말을 시작하면서 누가 시키지 않아도 온갖 것들에 "이게 뭐야?"라고 물으며 이름을 붙인다. 이렇게 무질서함에서 어떤 규칙을 찾아내고 여기에 나름의 설명과 해석을 부여하는 과정은 삶의 곳곳에서 나타난다.

좀 더 고차원적인 영역에서 "나는 어떤 사람인가?", "내 삶에는 어떤 의미가 있는가?", "내가 겪는 고난에는 어떤 의미가 있는가?" 같은 질문들도 대표적인 의미 찾기의 예다. 아마 당신도 예외는 아닐 것이다. 특히 삶이 힘들 때, 즉 내 삶에 잘되어가고 있는 구석이라고는 하나도 없는 것 같고 삶이 곧 고통이라고 느껴질 때 우리는 심각하게 삶의 의미에 대해 고민하게 된다. "왜 내게 이런 일들이 일어나는 걸까?" "나는 도대체 왜 존재하는 걸까?" "내 삶의 의미는 뭘까?"

삶의 여러 일들에 대해 의미를 잘 부여하는 사람들은 그렇지 않은 사람들에 비해 훨씬 건강한 모습을 보인다. 예컨대 사랑하는 사람을 잃거나, 큰 병에 걸렸거나, 실직했을 때 "이 일은 무의미한 일이야. 완전한 우연이고 이 일을 통해 얻는 것은 전혀 없어"라고 생각하는 사람들보다, "이런 일이 생긴 데는 분명 어떤 뜻이 있을 거야. 이 일을 통해 더 큰 목적에 다다를 수 있을 거야"라고 생각하는 사람들이 훨씬 더 슬픔을 잘 극복하고 면역반응 및 간 기능이 좋으며[3] 재취업 같은 긍정적 결과도 더 잘 얻는다고 한다.[4]

'삶의 의미'라는 것이 실제로 존재하는지와는 별개로, 삶을 이해하고 의미를 찾으려고 노력하는 태도는 적어도 험난한 삶에서 희망을 잃거나 무력감에 삼켜지지 않고 계속 나아가게 하는 원동력이 된다. 만약 만성적인 불행과 무력감에 빠져 있다면 기본으로 돌아가 지금 내가 하는 일들, 내 삶의 의미가 무엇인지 질문해보면 좋겠다.

인생의 두 마리 토끼

그렇다면 좋은 삶이란 무엇일까? "무엇이 좋은 삶인가?"라는 질문에 사람들은 보통 '행복한 삶'과 '의미 있는 삶' 두 가지를 꼽는 경향이 있다. 그런데 안타깝게도 인생에서는 이 두 가지 조건이 서로 상충되는 경우가 생기기도 한다. 대표적으로 육아 문제를 들 수 있는데, 육아를 할 때 부모들의 행복감은 다소 낮아지지만 의미감은 높아진다는 연구 결과가 있다.[5]

또 130여 개국 조사 결과, 일반적으로 부유한 나라의 행복도가 가난한 나라보다 높게 나타나지만 삶이 의미 있고 충만하다는 느낌은 가난한 나라들보다 낮게 나타났다. 자살률 또한 가난한 나라보다 부유하고 행복한 나라들에서 높게 나타난다.[6]

고난이 많을수록 사람들은 '고난의 의미', '내 삶의 의미'를 생각하게 되고, 이런 의미 찾기를 도와주는 종교에 의지하는 경향을 보이게 된다. 이와 관련한 연구자들의 분석에 의하면 부유한 나라들에서는 의미감을 주는 삶의 사건들과 종교의 힘이 비교적 약하다. 우리는 모두 잔잔하고 평온한 삶을 원하지만 정말로 삶이 그렇게 진행된다면 삶에서 의미감을 느끼기 힘들 수도 있는 것이다. 그래서 사는 건 어려운 일이다.

조금 다르게 생각해보면, 앞에서 살펴본 것처럼 힘든 상황에 놓인 사람들은 "이런 삶에 의미라도 있어야지"라며 의미를 절박하게 찾으려는 측면도 있는 것 같다. 행복과 더불어 삶이 의미 있고 중만하다는 느낌을 가지고 사는 일은 정말 두 마리 토끼를 잡는 일처럼 정말 어려운 걸까?

너무 걱정할 필요는 없다. 일반적으로 행복감과 의미감은 같은 방향으로 움직인다. 바우마이스터에 의하면 일반적으로 다음의 네 가지 욕구를 충족시킬 때 사람들은 자신의 삶이 의미 있다고 느낀다.[7]

- 목적 추구need for purpose : 현재의 행동이 바람직하고 의미 있는 미래로 이어진다는 느낌.

- 가치 추구need for value : 중요한 가치관에 비추어 판단해보았을 때 자신의 삶이 올바른 방향으로 가고 있다는 느낌.
- 효능감 추구sense of efficacy : 스스로의 힘으로 삶을 변화시킬 수 있다는 느낌.
- 자존감 추구sense of worth : 스스로가 쓸모 있고 가치 있는 사람이라는 느낌.

이러한 욕구들을 채워주는 원천이 다양할수록(예를 들어, 친구들 사이에서는 자존감을, 직장에서는 효능감을, 봉사활동을 통해서는 가치를 채우는 식) 의미감을 견고하게 유지할 수 있다.[8]

삶의 의미를 분산투자할 수 있어야 어떤 한 부분에 삶의 모든 의미를 걸지 않게 되며, 따라서 한 요소가 좌절된다고 해도 삶의 의미가 뿌리째 흔들리는 일은 생기지 않는다는 것이다. 당신은 삶 속에서 이 네 가지 욕구를 잘 충족시키고 있는가? 일상의 어떤 부분을 통해 각각의 욕구를 충족시키고 있는지 잘 생각해보자.

04

절망을 이기는 내 안의 힘
통제감

삶의 의미 못지않게 우리의 삶을 단단하게 지탱해주는 것이 있으니, 바로 통제감이다. 직장에서나 가정에서, 인간관계나 업무, 취미활동 등 삶의 여러 영역 중 당신의 뜻대로 할 수 있는 일들은 무엇인가? 내 마음대로 할 수 없는 일들이 더 많은가, 아니면 내 뜻대로 할 수 있는 일들이 더 많은가?

이는 통제감과 관련된 질문이다. 통제감이란 어떤 대상을 내 힘으로, 내가 원하는 방향으로 통제할 수 있다는 믿음이다. 통제감은, 내가 알아서 행동하고 책임도 내가 진다고 생각하는 '자율성'과 관련이 있고, 지나치게 발현될 경우엔 소위 '근자감(근거 없는 자신감)'과도 비슷한 모습을 보인다.

나의 영향력 아래 있다는 느낌

사람들은 평상시에는 꽤 높은 통제감을 유지하는 편이다. 같은 주사위도 남들보다 내가 던지면 왠지 딱 원하는 숫자가 나올 것 같고 복권도 내가 긁으면 당첨 확률이 더 높아질 것이라고 생각한다. 또 남들은 위험에 처할 수 있다고 생각하면서도 자신이 위험에 처할 확률은 과소평가하기도 한다.

우리가 이런 통제감의 환상을 보이는 이유 중 하나는 그래야 마음이 편하기 때문이다. "당장 내일 어떻게 될지 알 수 없는 게 인생이다"라고 직시하면 마음이 너무 불안하다. "어쩔 수 없는 환경이나 운에 의해 내 삶의 많은 부분이 결정된다"는 사실을 직시하는 것 또한 우울하다. 이렇게 우리 삶에서 내가 주도할 수 있는 게 많지 않다는 걸 깨닫고 인지하는 건 잔인한 일이다.

그래서 우리는 설사 착각이라고 해도 "나는 내 삶의 많은 부분을 예측할 수 있고 통제할 수 있다"고 믿고 싶어 하는 것이다. 우리가 현실을 있는 그대로 직시하기보다는 살짝 긍정적으로 바라보며 행복감을 유지하는 것이나 알 수 없는 것들을 어떻게든 알 만한 무엇으로 이해하고 넘어가려 애쓰는 것과도 비슷한 맥락이다.

통제감은 앞서 살펴본 '삶의 의미감' 못지않게 때로는 불안하고 무기력해질 수 있는 우리의 삶을 단단하게 지탱해주는 역할을 한다. 통제감 또한 '삶의 의지'와 연결되어 있기 때문이다. 통제감을 잃게 되면 우리는 무기력에 빠져들게 된다.

또한 개인들의 통제감은 자신이 속한 환경이나 사회적 요소에 의해 많은 영향을 받기도 한다. 따라서 개인들을 무기력하게 만들지 않기 위해서는 개인적 노력뿐 아니라 사회적인 차원의 노력들도 함께 이루어질 필요가 있다.

통제감이 행복을 만든다

"병에 걸린 후 '무력감'이라는 또 다른 심각한 질병에 걸려버렸어요." 어느 환자의 회고록에서 본 얘기다. 이렇게 삶을 위협하는 병 앞에서 많은 사람들은 무력감에 빠지기 쉽다. 이런 무력감은 내가 할 수 있는 게 별로 없다는 느낌으로 다른 말로 '낮은 통제감'이라고 할 수 있다. 이는 환자들에게서 흔하게 나타나는 현상이지만 환자들에게 매우 부정적인 영향을 줄 수 있다는 점에서 예의주시해야 한다. 병이든 뭐든 어느 정도 내 통제권, 내 영향력 안에 있다고 생각해야 '싸우려는 의지'를 얻게 되고 적극적으로 노력하게 되기 때문이다.

예일대학의 심리학자 주디스 로딘Judith Rodin은 한 요양원에서 65세에서 90세의 노인들을 대상으로 다음과 같은 실험을 했다.[1] 노인들이 취미활동으로 화초를 키우는 프로그램을 만들고 참가자들을 두 집단으로 나누었다. 한 집단은 직접 물도 주고 가지치기도 하는 등 자기 방의 화초를 직접 가꾸도록 했고 다른 집단은 화초를 보기만 할 뿐 가꾸는 일은 요양원 스태프들이 대신 해주도록 했다. 즉 노인들이 직접 화초를 키우는 것은 화초에게 자신의 영향력을 직접 행사하며 통제감을 느끼는 조건이었고, 남에 의해 키워지는 화초를 보는 것은 비교적 통제감을 덜 느끼는 조건이었다.

이렇게 화초 키우기 프로그램을 시작하고 약 3주 후 연구자들은 의료진을 대동하여 노인들의 행복도와 건강을 체크했다. 보약을 지어준 것도 아니고 화초 하나 키우게 하고서 건강과 행복도의 차이를 보겠다니 좀 황당하지 않은가? 화초를 직접 키우는 게 남이 키우는 걸 보는 것보다 더 재미있을 테니 행복도를 조사하는 건 그렇다고 쳐도 과연 건강에도 차이가 나타날까?

결과는 놀라웠다. 연구 결과 스스로 화초를 가꾼 노인들은 그렇지 않은 노인들에 비해 스스로 뭔가 해낼 수 있다는 느낌을 많이 받은 것으로 나타났고 행복도, 건강 상태, 활동성 등 다양한 지표가 적게는 10퍼센트에서 크게는 50퍼센트까지 향상된 것으로 나타났다.

어떻게 이런 차이가 나타나게 되는 것일까? 연구자들은 이것이 바로 통제감의 힘이라고 설명한다. 어떤 일을 내가 내 뜻대로 할 수 있다는 데에서 얻는 작은 통제감이 "나는 뭔가 할 수 있는 인간이다"라는 느낌을 받게 하고, 결국 행복감과 활동성을 높이는 식으로 긍정적인 연쇄반응을 불러온다는 것이다. 즉 작은 화초 하나로부터 시작된 작은 통제감이 전반적인 삶의 의지를 높이는 역할을 한 것이다.

화초 하나를 통해 주어진 작은 통제감의 효과가 이렇게 크다는 걸 고려하면 통제감이 우리의 행복과 건강에 얼마나 중요한지 대략 감을 잡을 수 있을 것이다. 반대로 이는 내가 어떤 상황에 아무 영향도 끼치지 못할 것이라는 무기력한 느낌과, 우리를 이렇게 무기력하게 만드는 것들이 우리의 행복과 건강을 크게 해칠 가능성이 있음을 말해준다.

통제감은 우리의 건강을 지켜줄 뿐 아니라 우리를 '살아가게' 한다. "사람을 멈추게 하는 건 절망이 아니라 체념"이라는 유명한 말도 결국 통제감에 관한 이야기가 아닐까 생각한다.

통제감은 특히 어렵고 힘든 상황에서 빛을 발하며 삶의 의지를 지탱하게 해준다. 만약 어려운 상황에서 통제감이 낮으면 "더 이상 할 수 있는 게 없군"이라며 체념하게 되고 이로써 우리 삶은 쉽게 무너질 수도 있다. 통제감은 삶이 힘들수록 반드시 필요한 것이다.

가난처럼 낮은 통제감의 그림자가 크게 드리워져 있는 영역에서도 통제감이 높은 사람들은 그것을 잘 살아낸다. 심리학자 마지 라치만Margie Lachman 연구팀은 미국에서 전국적인 조사를 통해 다음과 같은 사실을 확인했다. 소득 계층이 낮을수록 신체적, 정신적 건강 상태가 좋지 않은 경향이 있지만, 그중에서도 통제감이 높은 사람들은 소득 수준이 높은 사람들과 비슷한 수준으로 건강하고 행복한 것으로 나타났다.[2]

지금 환경이 아무리 척박하더라도 그 안에서 어떻게든 통제감을 갖게 된다면 사람들은 그래도 삶의 의지를 지속적으로 지닐 수 있으며 비교적 건강하고 행복하게 살 수 있다. 이렇게 통제감은 어둠 속에서 우리의 삶을 지탱해주는 한 줄기 빛과 같은 역할을 한다.

05

통제감 없는 사회
통제 대리물

통제감이 항상 안정적으로 잘 유지되는 것은 아니다. 살다 보면 우리는 자신만만했던 시험에서 낙방할 수도 있고, 사기를 당해서 집안의 경제 상황이 나빠질 수도 있으며, 숨어 있던 질병이 갑자기 발견될 수도 있다. 이런 상황을 맞닥뜨릴 때 우리는 내 인생에서 내 힘으로 할 수 있는 게 별로 없음을 깨닫게 되고 이내 무기력해진다.

이럴 때 사람들은 자신을 짓누르는 무기력에서 벗어나기 위해 어떤 모습을 보이게 될까? 흔히 나타나는 현상 중 하나는 미신에 의지하는 것이다. 작은 징크스부터 각종 미신적인 믿음 같은 것들 말이다.

기대고 싶은 마음

2008년 과학저널 〈사이언스〉에 실린 한 연구는 다음과 같은 현상을 발견했다. 평소에 통제감이 낮은 편이거나 위에 나열한 상황들처럼 내 힘으로 어쩔 수 없는 것들의 영향으로 삶이 휩쓸리고 말았던 경험을 떠올린 사람들은 그렇지 않은 사람들에 비해 미신을 더 강하게 믿는 모습을 보인다는 것이다.[1]

예컨대 어떤 사람이 입사 면접에 합격했다는 이야기를 들려준다. 그리고 합격과는 별 상관없는, 면접 보기 전에 발을 세 번 굴렀다든지 손뼉을 두 번 쳤다든지 하는 이야기를 했다. 그랬더니 통제감이 낮았던 경험을 떠올렸던 사람들은 그렇지 않았던 사람들에 비해 이야기 속 주인공이 면접에서 합격할 수 있었던 이유가 바로 발을 세 번 구르거나 손뼉을 두 번 쳤기 때문이라고 응답하는 경향이 나타났다. 행운의 아이템, 징크스, 미신, 초월적 존재의 힘 등을 비교적 강하게 믿는 것이다. 만약 당신이 징크스나 미신을 많이 믿는다면 통제감이 낮은 편이라고 생각해볼 수 있겠다.

그런데 왜 통제감이 떨어지게 되면 미신을 믿게 되고 그 믿음에 영향받게 될까? 학자들은 이를 나보다 더 큰 힘을 가진 무엇에 기대는 현상이라고 보았다. 즉 통제감이 떨어지면 우리는 '믿을 만한 구석'을 찾게 된다는 것이다. 미약한 나 대신 내 삶과 주위 환경을 통제해줄 강한 무언가(미신의 힘이든 뭐든)를 찾음으로써 불안감을 어느 정도 해소하려는 것이다. 이와 같이 '통제 대리물'을 통해 찾아오는 통제감을 '2차적 통제감'이라고도 한다.

신과 정부에 대한 맹신

통제 대리물에는 미신만 있는 것이 아니다. 듀크대학교의 연구자 아론 카이Aaron Kay와 동료들은 신과 정부 또한 이런 2차적 통제감의 중요한 원천이라고 생각했다.[2] 미신 못지않게 주변에서 쉽게 접할 수 있으면서도 나와 내 주변을 통제해줄 수 있는 능력을 가졌다고 생각되기 때문이다. 따라서 연구자들은 사람들로 하여금 통제감을 잃게 하면 정부나 신에 대한 믿음이 강해지고 그것에 기대려는 모습이 나타날 거라고 생각했다. 실제로 이와 관련해 진행된 실험에서, 통제감이 낮아진 사람들이 그렇지 않은 사람들에 비해 훨씬 강하게 통제자로서의 신에 대한 믿음을 보이는 것이 확인되었다.

또 다른 실험에서 연구자들은 10년간 67개국에서 모은 약 9만 명의 샘플을 대상으로 개인이 느끼는 통제감과 정부의 책임을 강조하는 모습 사이의 관련성을 살펴보았다. 그랬더니 소득 수준, 교육, 나이, 진보-보수의 정치 성향과 상관없이 통제감이 낮은 사람들이 비교적 "정부가 사람들의 삶에 더 적극적으로 개입해야 한다"는 의견을 갖는 등 강력한 정부Strong Government를 옹호하는 현상을 보였다.

이러한 경향은 비교적 무기력한 사람들 중에서도 정부가 신뢰할 만하다고 믿는 사람들에게서 특히 더 강하게 나타났다. 뿐만 아니라 이들은 "지금의 사회는 정의롭고 아무 문제도 없다"고 여기며 현 체제를 옹호하는 동시에, 더 나은 세상을 만들기 위한 움직임에는 반발하는 등 변화를 거부하는 모습을 보이기도 했다.

무기력해질수록 아주 큰 권력이 있어 보이는 신이나 정부를 믿게 되고 옹호하게 된다는 결과가 재미있지 않은가? 연구자들은 개인이 통제감을 갖는 것을 비교적 덜 권장하는 문화권(주로 개인보다 집단을 중시하는 집단주의 문화가 강한 동아시아)에서는 종교나 정부에 대한 맹목적인 믿음이 더 강하게 나타날 가능성이 있음도 언급했다. 이렇게 통제감은 개인의 삶에만 영향을 미치는 것이 아니라 사회와 조직에도 큰 영향을 미친다.

부패한 정부는 무기력을 좋아한다

우리가 무기력해지면 현 사회 체제를 옹호하게 되고 변화를 거부하게 된다는 것에 대해 살펴보았다. 무기력할 때 기댈 수 있는 강한 무언가를 찾고 싶은 마음은 이해가 된다. 그런데 아무리 그래도 무기력하고 불행한 상황에 처해 있으면 사회와 환경에 뭔가 문제가 있다고 생각하고 의문을 던지면서 더 나은 방안을 요구할 것 같지 않은가? 특히 정부가 신뢰할 만하지 않을 때에는 무기력하고 불행한 사람들도 변화를 요구하고 나서야 하는 게 아닐까?

실제로 사람들은 자신들이 행복할수록 현 사회 체제를 좋아하고, 불행할수록 뭔가 문제가 있다며 불평을 터뜨리는 자연스러운 모습을 보인다. 하지만 이러한 현상은 통제감의 높낮이에 따라 반대로 나타날 수도 있다.

연구에 의하면 통제감이 높고 사회적 지위가 높은 사람들은 행복할수록 현 사회 체제를 좋아하는 반면, 불행할수록 "사회에 문제가 있어!"라며 체제를 탓하는 모습을 보인다. 하지만 상대적으로 통제감이 낮고 사회적 지위가 낮은 사람들은 이와 반대로 불행할수록 현 체제를 더 옹호하는 경향을 보인다.3

왜 이런 현상이 나타날까? 알다시피 미래에 대한 불확실성은 우리 모두의 적이다. 따라서 노력해서 바꿀 수 있다는 확신이 없는 한 거대한 사회 구조와 싸운다는 것은 꺼림직하게 느껴진다. 게다가 이런 사회 구조나 환경을 바꾸는 데에는 엄청난 능력과 노력, 시간, 자원, 주변의 지지 등이 필요하다. 하지만 이러한 능력이나 자원이 모두에게 똑같이 허락되는 것은 아니다.

그리고 결정적으로 불가능에 가깝지만 그럼에도 불구하고 나 스스로 변화를 만들어낼 수 있을 거라고 느끼는 자신감(통제감) 또한 모두에게 평등하지 않다. 결정적 조건으로 통제감을 든 이유는, 사실 개인들에게 있어 사회와 환경을 바꾸겠다는 목표는 달성하기가 거의 불가능하지만, 그럼에도 통제감이 높으면 불만이라도 터뜨려보고 바꾸려는 시도라도 하게 되기 때문이다. 반면 통제감이 낮으면 어차피 안 될 거라며 아무런 시도도 하지 않고 포기할 확률이 높다.

이렇게 변화를 외칠 수 있는 여유와 여력은 사람마다 다르다. 여유와 자원, 통제감이 있는 사람들은 자신의 이익을 적극적으로 추구한다. 자신의 이익에 맞는 체제는 좋아하고 그렇지 않으면 불만을 표시하며 변화를 요구하는 등 자연스러운 반응을 보이는 것이다.

반대로 통제감, 실제로 통제할 수 있는 능력, 자원 등이 없는 경우에는 어차피 내 힘으로 해낼 수 있을 것 같지 않은 환경의 변화를 생각하기보다는 그냥 그 상태를 받아들인 채 그 안에서 어떻게든 아웅다웅 생존할 길을 찾게 된다.

결국 개인에게 통제감이 주어지지 않는 사회나 조직은 정체되어버릴 가능성이 높다. 우리가 속한 조직이나 환경은 어떤 모습일까? 부패한 정부나 조직은 무기력한 개인을 좋아한다는 말이 떠오른다.

개인에게 통제감을 부여하지 않는 사회는 개인을 무기력하게 하고, 무기력해진 개인들은 다시 사회적인 문제들에 순응하고 체넘하게 된다. 이런 식으로 불행하고 억압적인 환경이 유지되는 악순환이 발생하는 것이다. 따라서 통제감은 우리의 현재 삶과 앞으로의 삶을 지켜내기 위해 매우 중요한 요소다.

06

마음이 외롭고 허할 때

사회적 동물

학자들은 외로움이 배고픔과 같다고 말한다. 배가 고프지 않으면 굳이 음식을 제때 챙겨 먹으려고 하지 않을 것이고, 음식을 먹지 않으면 영양실조에 걸리거나 굶어 죽게 될 것이다. 이와 비슷하게 사회적 동물인 인간은 외로움을 통해 다른 사람을 찾게 되고 그럼으로써 생존하게 된다.

그래서 만약 외로움을 느낀다면, 당신은 매우 정상이다. 타인과 관계를 맺고자 하는 본성을 지닌 사회적 동물이라는 뜻이기 때문이다. 그런데 이렇게 정상적인 감정인 외로움에 대해 우리는 어떻게 대처하고 있는가?

외로움을 전혀 느끼지 않는 아주 특이한 경우를 제외하면, 대다수의 사람들이 자기만의 외로움 대처법을 가지고 있을 것이다.

그리고 그 외로움 대처법이 구체적으로 어떤 것이냐에 따라 아마
삶의 모습이 많이 달라질 것이다.

외로움과 불행의 증상

한 연구에 의하면 어떤 사람들은 도박을 통해 외로움을 잊으려고
한다. 도박을 가볍게 즐기는 것 이상으로 중독 증상을 보이는 사람
들은 그렇지 않은 사람들에 비해 만성적인 외로움이나 소외감을
더 크게 호소하는 경향을 보인다.[1] 지치고 허한 마음을 달래려던
차에 때마침 접하게 된 것이 도박이었던 걸까?

　어떤 사람은 도박으로 마음의 허기를 채우지만 또 어떤 사람은
돈으로 채운다. 실제로 외로움, 소외감을 느끼게 되면 그렇지 않았
을 때에 비해 돈을 더 절실하게 원하게 된다는 연구들이 있다. 뿐
만 아니라 실제로 돈을 갖게 되면 일시적으로나마 외로움이 다소
진정되는 효과도 나타난다. 외로움을 느낀 사람들에게 돈을 손에
쥐어주면 외로움을 비교적 덜 느끼고 뜨거운 물에 손을 넣는다든
가 하는 신체적인 고통도 비교적 잘 견디는 현상이 나타난다. 돈
이 허한 마음에 일시적인 진통제나 마취제 역할을 한다고도 볼 수
있는 결과다.[2]

　먹는 것으로 외로움을 달래는 사람들도 있다. 외로운 사람들은

그렇지 않은 사람들에 비해 폭식하는 경향을 보인다.3 나의 경우 오랜 시간 혼자 있을 때면 평소에는 별로 먹지 않았던 과자를 통째로 먹어버린다. 스트레스가 심할 때는 식욕이 떨어져서 음식을 멀리하는 편인데, 이상하게도 외로울 때는 꼭 미친 듯이 먹는다. 뭔가를 절박하게 채우려는 듯이 말이다.

도박이나 돈, 음식에 대한 집착에 대해 좀 더 생각해보면 우리는 외로울 때 비록 일시적일지라도 쉽고 빠르게 허전한 마음을 채워줄 무언가를 찾는다는 것을 알 수 있다. 이런 점 때문에 중독 문제를 해결할 때 "이 사람이 얼마나 외로운 사람인가" 하는 인식이 중요한 역할을 할 수 있다. 즉 중독은 외로움과 불행의 한 가지 증상일 수 있다는 것이다. 따라서 중독 그 자체보다도 더 본질적인 문제를 돌보는 것이 중요하겠다.

한편 텔레비전을 통해 외로움을 잊으려는 사람들도 있다. 한 연구에 의하면 외롭고 우울한 사람들이 그렇지 않은 사람들에 비해 텔레비전을 쉽게 끊지 못하고 중독처럼 빠져서 보는 경향이 있다고 한다.4 아무도 없는 집 안에서 하루 종일 텔레비전을 틀어놓고 있는 사람들이 우리 주변엔 꽤 많다. 그렇게라도 잠시 외로움을 잊고 싶은 것 아닐까?

외로움에 대처하는 방법은 그 밖에도 여러 가지가 있을 것이다. 중요한 사실은 외로움이 본질적으로 소속감 부족, 존중과 이해, 사랑받는다는 느낌의 부족에서 온다는 사실이다. 따라서 가

우리는 누구나 사랑과 인정을 받고 싶어 하고,
사람들로부터 소외되어 소속 욕구가 좌절되면
엄청난 불안과 괴로움을 느낀다.

장 근원적인 해결책은 '속마음을 털어놓을 수 있는 양질의 관계'를 만들어두는 것이 아닐까? 당신은 외로움을 어떻게 달래고 있는지 생각해보자.

내 목숨보다 소속 욕구

우리가 얼마나 근본적으로 사회적 동물인지 잘 보여주는 예가 한가지 있다. 갑자기 사고나 재앙이 터졌다. 이때 사람들은 살기 위해 누가 먼저라고 할 것 없이 우르르 도망가기 바쁠 것 같다. 하지만 학자들에 따르면 실제로는 다르다고 한다. 갑자기 사고가 나서 쾅 하는 소리가 들릴 때 사람들은 상황을 바로 판단하지 못하고 일단 멈칫한다. 그리고 이내 정신이 들면 살기 위해 앞뒤 보지도 않고 도망가기보다 사랑하는 사람이나 친숙한 장소를 향해 움직인다. 그러다가 안전하게 도망갈 타이밍을 놓쳐서 더 많은 인명 피해가 발생하는 것이다.[5]

우리가 영화에서 흔히 보면서 애태웠던 장면처럼, 위기 시에는 출구가 아니라 가족과 연인, 친구를 찾아 헤매면서 어쩌면 더 위험한 불구덩이 속으로 들어간다는 얘기다. 이런 상황이 벌어지는 이유는 목숨이 위협받는 상황에서도 사람들은 물리적인 위협보다 사랑하는 사람과 헤어지는 것에서 더 큰 스트레스를 받기 때문이다. 이는 우리 인간이 근본적으로 열렬히 애착을 추구하는 사회적 동물이라는 사실을 잘 드러내는 예라고 학자들은 설명한다.

이 얘기를 엄마에게 했더니 엄마 역시 일단 자기보다 자식의 안전부터 확인해야 마음이 놓일 것 같다고 이야기하셨다. 나 또한 만약 가족이나 친구와 그 장소에 있었다면 나의 안위보다 그 사람들의 손부터 부여잡을 것 같다는 생각이 든다. 냉정하게 판단해서 혼자 잽싸게 자리를 빠져 나오는 것이 생존에 유리하겠지만, 사회적 동물로써의 본능이 그 모양이라 어쩔 수 없을 것 같다. 사고에서 혼자 살아남은 사람들이 죄책감을 느껴야 하는 합리적인 이유는 없지만, 그것 역시 우리의 본능의 탓이 아닐까 생각한다. '이놈의 소속욕구Need to belong'라는 말이 절로 나오는 부분이다.

가장 두려운 죽음

목숨에 대한 이야기가 나온 김에 얘기해보면, 언젠가 죽는 꿈을 꾼 적이 있었다. 난데없이 앞으로 살날이 며칠 안 남았다는 이야기를 들었고 꿈이었지만 생생하게 무서웠다. 그런데 그때 가장 친한 친구가 옆에서 "내가 마지막 순간에 네 옆에 있을게. 네 손도 잡아줄게. 무슨 수를 써서라도 네가 괴롭지 않게 도와줄게"라고 이야기했다. 그리고 그 순간 두려움이 눈 녹듯 사라졌다.

꿈이었지만, 친구의 존재가 새삼스럽게 크게 다가왔다. 문득 죽음이 다가온다는 건 어떤 느낌인지, 어떻게 준비하는 것이 좋을지 궁금했다. 그리고 관련 논문들을 뒤져보았다.

조금 오래된 논문이긴 하지만 호프 콩트Hope Conte와 동료들은 죽음에 대한 공포와 관련 있는 것이 무엇인지, '요인분석'이라는 통계기법을 통해 분석해보았다. 그 결과 죽음에 대한 공포는 죽고 난 다음이 어떨지 모른다는 불확실성에 대한 공포, 그 과정이 매우 괴로울지 모른다는 것에서 오는 공포, 외로운 죽음에 대한 두려움, 잊힐 것에 대한 두려움 등 네 가지 요소로 구성되어 있는 것으로 나타났다.6 외로운 죽음에 대한 공포가 포함되어 있는 것을 보면서 사회적 동물에게는 좋은 삶과 좋은 죽음 모두에서 외로움이 중요한 역할을 한다는 것을 다시금 느꼈다.

좀 더 최근의 연구에서는 이 네 가지 요소 중 세 번째 요소인 외로운 죽음에 대한 공포와, 사랑하는 사람들과 영영 이별하게 되는 것에 대한 공포가 '죽음에 대한 공포'에서 가장 많은 부분을 차지한다는 점을 확인했다.7

바우마이스터는 죽음에 대한 공포에는 '분리 불안' 같은 측면이 있다고 보기도 했다. 자주 언급하지만 우리는 누구나 사랑과 인정을 받고 싶어 하고, 사람들로부터 소외되어 소속 욕구가 좌절되면 엄청난 불안과 괴로움을 느낀다. 그런데 죽음은 바로 사람들과의 관계가 가장 극명하게 단절되는 사건이라는 것이다. 관계가 나

빠진 정도라면 회복하려고 노력이라도 하는데 죽음은 명확한 끝을 의미하는 것이니까 말이다.

그리고 한 가지 재미있는 사실은 죽음은 끝을 의미하지만 많은 사람들에게 또 다른 시작을 만들어주기도 한다는 것이다. 여러 연구에 의하면 '죽음', '마지막'이야말로 사람들로 하여금 지금 이 순간, 앞으로의 모든 시간을 소중하게 여기며 살게 하는 중요한 동기가 된다. 사람들에게 죽음이나 마지막 순간 등을 상기시키면, 그들은 지금 이 순간, 삶의 행복 등에 관심을 기울이며 자신의 삶과 앞으로의 나날들이 결코 무의미하지 않다고 여기는 경향을 보인다.

여기까지 읽은 당신도 이미 죽음에 대한 이야기를 읽기 전보다 삶을 좀 더 아끼게 되었을지도 모르겠다. 죽음이 있기에 삶이 소중하다는 말은 근거 없는 이야기가 아니다.

빈자와 부자 모두의 욕구

시카고 로욜라대학교 홍영표 교수 연구팀은 사람들이 흔히 생각하는 자활의 개념과 별개로 빈곤 상황에 처한 사람들 스스로가 생각하는 자활이란 어떤 것인지 인터뷰를 했다.[1] 인상적이었던 내용을 소개하면 다음과 같다.

"내가 생각하는 자활이란 내가 나를 좋아할 수 있는 거예요. 집에 누워서 티비 보는 것 이상으로 가치 있고 영향력 있는 일을 한 뒤 뿌듯함과 즐거움, 그리고 살아 있음을 느끼는 것이죠."
"다른 사람의 도움 없이 스스로 설 수 있는 것이요. 내 힘으로 내 가족을 부양할 수 있다는 떳떳함을 느끼는 것 말이에요."
"가족, 친구, 동네 사람들과 동일한 수준에서 어울리는 것이요."

이러한 인터뷰를 보면서 그동안 나는 얼마나 가난한 사람들을 비인간화 dehumanization(나와 같은 인간이라고 생각하지 않는 것)하고, 지금은 학계에서 인정되지 않고 있는 매슬로식 관점대로 기본적 욕구가 충족되지 않으면 다른 욕구들은 중요하지 않을 거라고 단정 지어온 것을 반성했다.

"사람들은 우리를 배만 부르면 되는 짐승이라고 생각하지 자기들처럼 자존감이나 행복이 필요하다고 생각하지 않아요."
가난하다고 해서 인간다운 삶, 원하는 삶을 살고 싶단 욕구, 소속에의 갈망, 자아가 없겠는가? '소속감, 인정, 사랑'에 대한 욕구는 현대 심리학에서 생물학적 욕구만큼 가장 중요한 욕구로 꼽는다. 욕구가 없는 게 아니라 분명히 있지만 채워지지 않는 것, 채울 방법이 없다는 것, 체념하게 되는 것이 문제일 것이다.

한편 가난은 단지 '돈이 없음'을 의미하는 게 아니다. 심리적인 변인들만 나열해 봐도 낮은 통제감(무기력), 낮은 삶의 의미감과 낮은 자존감(내 삶이, 나라는 존재가 가치 없는 것 같다는 느낌, 존재론적 우울감), 외로움, 소외감, 버림받은 느낌, 수치심, 불안과 공포, 움츠러듦, 많은 스트레스와 걱정으로 인한 인지적 자원의 고갈(편안하고 걱정 없는 상태에 비해 원래 실력을 발휘하기가 어렵다는 것. 이런 상황에 고질적으로 처해 있는 것. 실제로 이런 이유로 가난이 사람들의 지능을 저하시킨다고 밝힌 연구가 있다[2]), 가난한 사람들은 나태하고 뻔뻔하고 지저분하고 자아실현에 대한 욕구 같은 것도 없고 그저 공짜로 얻을 궁리만 하는 사람들이라는 사회적 편견, 사람 취급도 안 하는 시선을 받으며 사는 것 등을 의미한다.

조금만 소외되어도 크게 상처받고, 외로움에 쉽게 죽을 수 있는 '사회적 동물들'에게 정말이지 가혹한 것들이다. 이렇게 빈곤은 돈이 없음 그 이상이다.

○

Part 4

내 인생
좀 더
의미 있게

어려운 세상에서
어떻게 살아야 하는 걸까?

01

처음 사는 인생

시행착오

초등학교 입학 즈음의 기억이다. 처음으로 부모님 손을 떠나 낯선 곳에 덩그러니 놓였다. 수백 명의 아이들이 모여 있는 운동장이 작은 나에게는 무척 거대하게 느껴졌다. 마치 콜로세움 한 가운데 서 있는 것처럼 무서웠다. 아직도 그때 그 광경과 불안했던 마음이 꽤 선명하게 기억난다.

또 학교에서 화장실을 가는데 혼자서 어른 손을 잡지 않고 간 게 아마 처음이어서 그마저도 무척 떨리고 힘들었던 기억도 있다 (결국 남자화장실에 잘못 들어갔다!). 입학 초반 이런 경험들 때문에 학교 가기 싫다고 엄청 땡강 부렸던 것 같다. 결국 적응하긴 했지만 정말 쉬운 일이 아니었다.

누구나 다 힘들다

문득 이런 기억이 떠오른 이유는 산다는 건 그 누구에게도 그 어떤 시점에도 결코 쉽지 않다는 생각이 들었기 때문이다. 초등학교 입학 같은 누구나 다 하는 별것 아닌 일도 결코 쉬운 게 아니었듯 말이다. 다들 하는 거라고 해서 그게 절대적으로 쉽다고 할 수는 없다. 그런데 이렇게 어려운 상황에서도 우리는 어떻게든 살아간다. 순간순간 닥치는 어려움을 극복하고 삶을 지속한다는 사실이 새삼 놀랍게 느껴진다.

안타깝게도 이렇게 어려운 일을 해내고 있으면서도 심한 자기 비하에 빠지거나 남들과 비교하면서 현재의 삶에 만족하지 못하는 사람들을 종종 볼 수 있다. 그런 사람을 만날 때면 나는 이런 의문이 든다.

"산다는 건 그 자체가 결코 만만한 일이 아닌데 그 어려운 걸 당연히 최고 수준으로 해내야 한다고 생각하는 건 엄청난 자만이 아닐까?" "인생의 목표는 항상 바뀌기 마련이라 우리는 언제나 삶에서 초보일 수밖에 없는데, 왜 늘 전문가로서 인생을 살려고 하는 걸까?" "왜 최고의 삶이 다른 사람이 아닌 자기에게 주어져야 하는 걸까? 정당한 이유라도 있을까?" "왜 크나큰 우주에서 먼지 같은 존재인 우리의 소원은 이루어져야 하는가? 우주가 우리에게 빚진 거라도 있는가?"

우리는 어쩌면 삶을 실제보다 다소 만만하게 보고 있는 걸지도 모르겠다. 멋지게, 잘 사는 것은 정말 '당연한' 일인 걸까? 그것은 결코 당연한 일이 아니다. 따라서 내 삶이 완벽하지 않다고 해서 좌절할 필요는 물론, 자기비하에 빠질 필요도 없다. 대부분의 사람들이 자기 자신과 삶에 대해 현실적인 기대를 하기보다 긍정적으로 상당히 치우치게 기대하는 경향을 보인다. 그리고 그 기대가 충족되지 못하면 누군가에게 멋진 삶을 맡겨뒀던 양 당연한 걸 받지 못했다며 이상한 배신감을 느끼기도 한다.

지금 숨 쉬고 있는 모든 사람들은 정말 대단하고 어려운 일을 하고 있는 거다. 삶의 모습이 어떻든 간에 하루하루 삶을 지속한다는 것은 그 자체로 엄청난 일이다. 그러니 그럭저럭 살고 있는 자기 자신에게 잘하고 있다고 칭찬을 해보자. 그리고 더 나아가 내 옆에 있는 다른 사람의 삶도 대견하게 바라보면 좋겠다.

타인의 고통 헤아리기

우리는 종종 타인의 삶과 고통을 너무 쉽게 이야기한다. "그건 힘든 것도 아니야." "나는 그것보다 더 힘들었어." "더 어려운 일이 있어야 지금 행복한 걸 알지." 이렇게 다른 사람의 어려움을 평가절하하고 고통을 정당화시킨다.

한 가지 예로 "공부가 제일 쉬운 거야!"라는 말을 들 수 있다. 어른들은 흔히 그런 얘기를 하지만 사실 이 말은 틀렸다. 현재의 자신을 기준점으로 두고, 지금의 내가 그때의 공부를 한다면 정말 쉬울 거라는 의미이기 때문이다. 하지만 그때의 자신을 떠올려보면 정말로 공부가 제일 쉬울까? 아마 그렇지 않을 것이다.

나만 해도 삶을 통틀어 초등학교 때 억지로 했던 수학 학습지만큼 고통이었던 게 없다. 다시 초등학생이 되어 수학 학습지를 푼다고 하면 여전히 죽을 맛을 보게 될 거라 확신한다(사실 현재의 내가 한다고 해도 괴로울 거라고 확신한다).

한번은 집안 어르신 한 분이 뒤늦게 대학을 다니면서 "공부가 제일 어려워!"라고 고백하신 적이 있다. 그 뒤 이어진 가족 모임에서는 아직 학생인 아이들에 대해 공부가 제일 쉽다거나, 학생 때가 제일 좋을 때라는 얘기가 싹 사라졌다. 그야말로 훈훈한 마무리다.

잘못 선택하면 어쩌지?

모든 사람은 인생을 처음 산다. 그렇기에 삶의 모든 단계에서 서툰 것은 너무나 자연스럽다. 그럼에도 우리는 실패하고 싶어 하지 않는다. 아직 실패하지도 않았고 심지어 시도조차 하지 않았는데 "실패하면 어떡하지" 하고 두려워하기도 한다. 적당한 두려움은 발생 가능한 위험에 대비하기 위해 필요한 것이지만 때론 그 두려움이 지나쳐서 옴짝달싹 못한 채 굳어버리기도 한다. 이런 현상은 일상생활에서도 폭넓게 나타나는데, 우리는 흔히 이를 '우유부단'이라고 부른다.

당신은 우유부단한 편인가 아니면 그렇지 않은가? 물론 결정을 내리는 일은 누구에게나 다 어렵다. 하지만 만약 결정하기를 지나치게 두려워해서 미루는 일이 잦다면 당신은 우유부단한 사람인지도 모른다. 아무리 선택지가 많다고 해도 그냥 눈 딱 감고 "그래, 이거다!" 하고 결정해버리면 마음이 편해질 텐데, 왜 그게 그렇게 어려운 걸까? 왜 우리는 결정하길 두려워하며 우유부단해지는 걸까?

다음의 문장들을 살펴보며, 1~7점까지 점수를 매겨보자. (1 = 전혀 그렇지 않다, 7 = 매우 그렇다)

- 잘못된 선택을 내리는 것은 스스로 용납할 수 없는 일이다. [ ]
- 중요한 선택이 한 가지라도 잘못되면 내 삶은 재기할 수 없을 정도로 크게 망가질 것이다. [ ]
- 사람들에게 실패자라는 인상을 주고 싶지 않다. [ ]
- 사소한 결정에서부터 중요한 결정까지 대부분의 선택 상황에서 신중에 신중을 기하는 편이다. [ ]

이것은 사람들이 우유부단함에 빠지게 되는 주된 이유들이다. 따라서 점수가 높을수록 우유부단함에 빠질 가능성이 높다고 할 수 있다.

여러 연구에 의하면 우유부단한 사람들은 다음과 같은 특징을 보인다. 우선 잘못된 선택을 하게 되는 것에 대한 두려움이 심하다. 또한 잘못된 결정을 내리는 일이 절대 있어서는 안 된다고 생각하며 용납하지 못한다. 한번 잘못된 선택을 하면 인생이 망할 수도 있다고 생각하는 등 그 여파를 실제보다 과대평가하는 경향도 있다.[1]

이렇게 실수와 그르침에 대해 큰 두려움을 느끼다 보니 대부분의 선택에 있어 어마어마한 신중함을 기울이게 되며 (사실상 불가능한) '100퍼센트 완벽한 선택'에 대한 강박에 시달린다.

또 완벽한 선택을 하기 위해 엄청난 노력을 기울이지만 애초에 선택 상황에서 불안 수준이 높기 때문에 확신에 도달하기 어렵다. 즉 오랜 심사숙고 끝에도 계속해서 "잘못된 결정이면 어떡하지?", "아직도 정보가, 고민이 부족한 거 같아!"라는 불안감에 시달리며 웬만해선 자신의 선택에 확신을 갖지 못한다.[2]

이렇게 우유부단한 사람들은 선택을 위해 많은 노력을 들이고도 자신의 선택에 대한 자신감이 부족하다 보니(보통 어느 정도 고민과 노력을 들이면 자신감/확신을 얻고 손쉽게 결정을 내리는 것과는 다르다) 계속 지지부진하게 고민하고 노력하는 단계에 머무르게 된다. 마지막 결정 단계까지 가는 것 자체가 어려운 것이다. 결국 결정이 다른 사람들에 비해 훨씬 더딜 뿐 아니라 선택 상황에 놓이는 일 자체가 진 빠지고 힘든, 도망가고 싶은 일이 된다.

이 모든 게 '잘못된 결정 또는 실패에 대한 두려움'으로부터 시작된다는 점을 다시 한 번 상기해보자. 실패하지 않기 위해 애를 쓴 나머지 결정을 잘 못 하게 된다는 것이 아이러니하지 않은가?

신중함이 발목을 잡는다?

결정에 어려움을 겪고 더딜지언정, 우유부단한 사람들은 신중을 기한 만큼 더 양질의 결정을 내리는 것이 아닐까? 그랬으면 좋겠지만, 연구에 의하면 그렇지 않을 가능성이 더 높다고 한다. 시험에 대한 불안과 부담감이 지나치게 높으면 제 실력을 발휘하지 못하는 것처럼, 지나친 불안은 일반적으로 사람들의 수행을 저하시킨다. 결정에 대한 불안도 마찬가지다.

심리학자 조셉 페라리Joseph Ferrari의 연구에 의하면 우유부단한 사람들은 그렇지 않은 사람들에 비해 선택 과정에서 정보를 더 열심히 찾는 경향을 보인다. 하지만 이미 확인한 정보를 몇 번이고 반복해서 살펴보는 등 매우 비효율적인 모습을 보인다.[3]

또한 다양한 정보를 고려한다 해도 너무 많은 정보를 고려하는 경우 지극히 낮은 가능성까지 전부 생각하게 되어 비현실적인 결정을 내리게 될 수 있다는 연구 결과도 있다. 지나친 불안과 신중함이 오히려 발목을 잡는다는 것이다.[4]

만약 잘못된 결정을 내리는 것에 대한 두려움이 크다면, 다음과 같은 사실을 기억해보자. 어떤 것이 정말 옳은 결정인지는 시간을 거슬러 모든 선택지를 다 경험해보고 비교 평가하는 옵션이 존재하지 않는 한 어느 누구도 정확히 알 수 없다는 사실 말이다. 그리고 그 당시에는 잘못된 결정이라고 여겨졌던 것이 장기적으로는 큰 도움이 되는 등, 우리 삶은 알 수 없는 일 투성이라는 점도 함께 기억해보자.

또한 일반적으로 실패에 대한 두려움에는 다른 사람들에게 실패자로 보일 것에 대한 두려움, 즉 타인의 시선에 대한 의식이 크게 작용한다는 것도 주목할 만한 사실이다. 아직 일어나지도 않은 실패, 가상의 눈총들에 대한 두려움 때문에 결정에 어려움을 겪는 것은 어떻게 보면 가장 실제적이고 큰 손해일 것이다.

02

완벽해야 잘 사는 건 아니다
완벽주의

우리 주변에는 작은 실수에도 금세 시무룩해지거나 "나는 왜 이 모양일까"라고 생각하며 자기비하에 빠지는 사람들이 있다. 이렇게 생각하게 된 데에는 여러 가지 이유가 있겠지만, "항상 100점 맞는 게, 완벽한 게 당연한 거야"라고 생각하며 지나치게 높은 기준을 세우고 조금의 실수도 용납하지 않는 '완벽주의적 태도' 때문이기도 하다.

완벽주의가 남기는 것

여러 연구에 의하면 이런 완벽주의는 사람을 우유부단하게 만들

뿐 아니라 행복을 심각하게 갉아먹기도 한다. 같은 조건, 같은 수행 아래에서도 완벽주의적 성향이 강한 사람들은 그렇지 않은 사람들에 비해 자신에 대해 만족하지 못하는 경향을 보인다. 또한 비현실적으로 높은 '완벽'이라는 목표를 설정하고 있는 탓에 다른 사람들에 비해 좌절할 일도 많이 생긴다.

충분히 잘하고 있음에도 불구하고 완벽하지 않으면 아무런 의미가 없다고 여기며 스스로 자신의 성과를 깎아 내리고 좌절의 우물을 판다. 그러다 보니 불안, 우울 등의 부정적 정서에 빠지기 쉬울 뿐 아니라 스트레스 수준 또한 높은 편이다.[1] 뿐만 아니라 완벽주의 성향이 강한 사람들이 그렇지 않은 사람들에 비해 수명이 짧다는 연구들이 있다.[2] 이렇게 완벽주의는 행복뿐 아니라 건강에도 영향을 미친다.

좀 더 잘하고 싶은 마음은 자연스러운 것이며 각종 성과에 좋은 영향을 미친다. 하지만 조금의 틈도 허락하지 않겠다는, 비현실적인 강박을 갖고 있는 경우 얻는 것보다 잃는 것이 더 많을지도 모른다.

한때 세상의 전부라고 여겨져 목숨을 걸었던 일들, 예컨대 시험 점수 1~2점은 시간이 지나고 보면 우리의 생각만큼 삶 전반에 거대한 파괴력을 갖지 않은 경우가 많다. 나의 경우에도 밤을 새워 가며 힘들게 일했던 시간들을 지금 돌이켜 보면 과연 그럴 필요까지 있었나 하는 생각이 든다. 차라리 그 시간에 건강과 행복을 돌보는 것이 더 남는 일이었을 걸 하는 후회가 들기도 한다.

자기 자신을 갉아먹다

완벽주의는 심지어 '자살충동'과도 관련을 보인다.[3] 연구자들에 의하면 완벽주의적인 사람들은 그렇지 않은 사람들에 비해 쓸데 없이 높은 기준 때문에 벽에 부딪힌 느낌, 깊은 좌절, 희망이 없음 등을 자주 느낀다. 거기에 삶의 한 영역에서의 실수를 "나라는 인간이, 내 삶의 전부가 쓸모없다는 증거"라고 느끼며 과도하게 일반화하기도 한다. 따라서 비교적 극단적인 생각에 노출되기 쉬운 것이다.

게다가 완벽주의적인 사람들은 자살 또한 완벽하게 수행하려 하고, 다른 사람들에게 감추는 것을 잘한다. 따라서 자살충동이 실제로 심각한 결과를 낳을 가능성이 더 높다.

한 가지 중요한 사실은 이런 완벽주의가 발생하는 원인에는 사회문화적 요인들이 크게 작용한다는 점이다. 개인들에게 조금의 실수도 용납하지 않고 지속적으로 완벽을 강요하며 완벽주의에 빠져들게 만드는 사회가 존재한다. 따라서 연구자들은 사회 구성원들의 행복과 건강을 위해서라도 개인들에게 완벽이라는 비현실적 목표를 강요하기보다는 어제보다 조금 더 나아진 나, 즉 '발전'

이라는 목표를 권장할 것을 강조한다.

심리학자 고든 플렛Gordon Flett은 완벽주의자의 특징을 다음과 같이 정리했다. 첫째, 한번 실수하면 계속 곱씹으며 머리에서 떨쳐 내지 못한다. 둘째, 무슨 일이든 남보다 못하면 참을 수가 없다. 셋째, 완벽하게 할 수 없다면 아예 시작도 하지 않는다. 넷째, 다른 사람에게도 완벽을 요구하고, 그 결과 주변 사람들을 피곤하게 한다 (거기다 사람들에게 쉽게 실망해서 자기 자신도 피곤하다). 다섯째, 못나 보일까 봐 도움을 요청하지 않고 문제가 터질 때까지 혼자 끙끙 댄다. 여섯째, 뭐든지 조금이라도 더 완벽하게 하려고 오래 붙들고 있다. 일곱째, 다른 사람의 단점과 실수를 기가 막히게 잡아낸다. 여덟째, 다른 사람의 기대와 요구에 지나치게 부응하려 한다. 아홉째, 사람들 앞에서 실수하는 게 너무 신경 쓰여서 참을 수가 없다.4

여기서도 남의 시선이 큰 영향력을 행사하고 있음을 확인할 수 있다. 역시 사회적 동물이란 어쩔 수 없는 것 같다.

남의 시선보다 내 마음의 소리를

이렇게 우리는 기본적으로 타인의 시선과 인정을 신경 쓰지 않을 수 없는 사회적 동물이다. 한번은 건강이 좋지 않아 음식 관리를 철저하게 해야 하는 환자를 만난 적이 있다. 그에게 무엇이 제일 힘드냐고 물었는데, 병원비나 통증이라는 말 대신 '사람들의 시선'이라는 예상치 못한 대답을 들었다. 그는 행여나 까다로운 사람으로 비춰질까 봐 아무 음식이나 먹고 술도 마셨는데, 그 결과 몇 달 만에 돌이킬 수 없을 정도로 신체적 손상을 입게 되었다고 했다. 타인의 시선 때문에 우리는 이렇게 자기 목숨까지 위태롭게 할 수 있는 것이다.

또 다른 예로, 시카고의 한 출소자 자활시설에 방문한 적이 있는데, 그때 마약 매매 등의 범죄로 젊었을 때부터 10여 년을 감옥에서 산 사람의 이야기를 들었다. 그는 출소 후 횡단보도를 건너거나 지하철을 타거나 하는 일들, 그리고 스스로 자기 일정을 짜서 생활하는 것 등이 너무 어색했다고 고백했다. 기관 스태프에게 "이분들에게 가장 필요한 게 뭔가요?"라고 묻자, 이번에도 역시 돈이나 먹을 것 같은 기초 생활지원이라는 말 대신 "사람들과의 만남이요"라는 대답을 들었다. 정말 놀라운 일이었다.

이렇게 우리는 기본적으로 타인과의 교류, 서로 맞춰가는 것 없이는 살아가기 어려운 존재다. 하지만 이렇게 사회적인 부분이 우리에게 중요한 영향을 끼치는 만큼, 적어도 어떤 영향은 받아들이고 어떤 영향은 받아들이지 않을지 잘 정하는 것이 중요하다. 다행히 우리는 스스로의 생각, 가치관, 믿음에도 영향을 받는 동물이기 때문에, 자기 판단에 의해서 어느 정도 외부의 영향에만 휩쓸리지 않는 것이 가능하다.

만약 지금 내가 아등바등 살고 있는 것이 나를 위해서라기보다 내 인생에서 크게 중요하지도 않은 누군가에게, 익명의 다수들에게 잘 보이기 위해서라면, 또 내가 행복하기 위해서라기보다 행복해 '보이기' 위해서라면 한번 잘 생각해보자. 그것들이 짧은 내 인생을 희생할 가치가 있는 것들인지, 그리고 아무것도 아닌 것들 때문에 소중한 내 인생을 아깝게 낭비하고 있는 건 아닌지 말이다.

타인의 시선과 기준을 지나치게 신경 써왔다는 판단이 든다면, 그건 어떤 상황이었는지, 어떤 사람을 앞에 두고 그랬는지 생각해보자. 글로 써보는 것도 좋다. 그러고 나서 "쓸데없다"고 마음속으로 크게 말해보자. 소리 내어 말해보거나 글로 쓴 종이 위에 엑스표를 쳐보는 것도 좋다. 참고로 여러 연구에 의하면 생각을 상징적인 행동으로 담아서 표출할 때 그 생각을 더 깊이 믿게 되고 잘 실천하게 된다고 한다. 그렇게 하고 나면 아마 웃음이 나올지도 모른다. "내가 왜 이런 하찮은 걸 신경 쓰느라 내 인생을 낭비했을까" 하고 말이다.

또 한 가지, 앞에서 이야기한 것처럼 사람들의 시선을 많이 신경 쓰고 완벽하게 보이고 싶어 하는 사람들은 도움이 필요할 때 못나 보일까 봐 도움을 요청하지 못하는 경향이 있다. 그러다가 결국 큰일이 벌어지고 난 뒤에야 고백을 하기 때문에 잘하고 있을 거라고 생각했던 주변 사람들의 뒤통수를 치고 결과적으로 일을 더 힘들게 만들기도 한다. 그런데 완벽주의자들의 걱정과는 달리, 의외로 사람들은 도움을 요청하는 사람을 못나게 보기보다 열정적이고 진지하게, 즉 긍정적으로 보는 편이라고 한다.[5] 그러니 괜히 힘들어하지 말고 필요할 땐 꼭 도움을 청하자.

03

나에게 너그러워지기

자존감

앞에서 완벽주의의 불행에 대해 살펴보았다. 그리고 자기 자신과 타인에게 너그러워져보자는 이야기도 했다. 그런데 자기 자신에게 너그러워진다는 것은 구체적으로 어떤 것일까?

언젠가 수업에서 발표 한번 망쳤다고 "내 인생은 이제 망했어. 아무도 이런 나를 채용하려 하지 않겠지"라며 난리법석을 떠는 학생을 본 적이 있다. 발표뿐 아니라 작은 실수 하나에도 삶이 끝장난 것처럼 쉽게 좌절하고 기분이 오락가락하던 사람이었다.

반대로 중요한 일에서 크게 미끄러지고 난 후에도 "그럴 수도 있지 뭐", "다음에 더 잘 하면 돼"라며 잘 넘기는 사람들도 있다. 왜 어떤 사람들은 작은 일에도 쉽게 좌절하는 반면, 어떤 사람들은 덤덤하게 넘어갈 수 있는 걸까? 소위 "멘탈이 강하다"고 설명되는 이들의 비결은 도대체 뭘까?

건강한 자존감 찾기

이런 질문을 던지면 사람들은 흔히 자존감을 떠올린다. 자존감이 높은 사람들이 그렇지 않은 사람들에 비해 좌절을 덜 하고 자신에게도 너그러울 수 있다고 여긴다. 어느 정도 맞는 말이긴 하지만, 어떻게 보면 틀린 말이기도 하다.

자존감이란 무엇일까? 일반적으로 심리학에서 정의하는 자존감이란 '긍정적인 자기지각'이다. 즉 내가 나 자신을 가치 있는 사람으로 여기는지에 대한 것이다. 자존감은 자신에 대해 그냥 주관적으로 판단하는 것으로, 연구에 의하면 각종 능력이나 성취 수준 등과 자존감 사이에는 큰 연관성이 없다. 공부도 잘하고 운동도 잘하지만 "그래도 나는 내가 싫어"라고 할 수 있고, 반대로 크게 내세울 건 없지만 "그래도 나는 내가 좋아"라고 할 수 있다.

그런데 사람들은 흔히 자존감이 높을수록 건강한 사람이라고 생각한다. 그래서 자존감을 높이는 방법을 많이 찾는다. 하지만 자존감이 꼭 높아야만 좋은 건 아니다.

심리학자 바우마이스터는 자존감이 만능키가 아님을 강조한다. 자존감을 실제로 높이는 처치를 했을 때 수행성과가 좋아졌다거나 실제 어떤 유익이 확인된 바가 별로 없음을 지적하기도 했다.[1] 또한 듀크대학교의 심리학자 마크 리어리Mark Leary 등의 학자들은 자존감이란 '원인'이라기보다 '결과'에 가깝다고 이야기한다.[2] 이미 (주관적으로) 즐겁고 만족스럽게 잘 살고 있는 삶의 모습 말이다. 자존감이 문제라고 느낀다면 자존감 자체보다 그 인생에 문제가 있다는 것이다.

자존감에 확실한 효능이 존재하지 않는다는 점뿐만 아니라 높은 자존감을 유지하는 데에는 상당한 비용(예컨대 그만큼 많은 주변의 인정을 바라는 등)이 들어간다는 점도 지적된다. 이런 맥락에서 심리학자 제니퍼 크로커Jennifer Crocker는 자존감의 높낮이보다 자존감의 '안정성(단단함)', 자존감의 원천과 유지 방식이 훨씬 중요하다고 이야기한다.[3]

예를 들어 자존감이 높지만 건강하지 않은 경우를 살펴보자. 자존감의 원천이 지나치게 외부에 있어서 자존감이 높다고 해도 주변의 인정을 통해서만 자신에게 만족할 수 있다고 해보자. 이 경우 주변 사람의 말 한마디에 자존감이 솟았다가 추락했다가 하는 등 자존감이 불안할 수밖에 없다. 이런 사람들은 주변 사람들을 힘들게 하기도 한다. 한 연구에 의하면 주변 사람들에게 쉽게 화를 내거나 공격적인 태도를 보이는 사람들은 자존감이 낮은 사람이 아니라 자존감이 '불안한' 사람이었다.[4] 자존감이 낮지만 안정적인 사람이, 자존감이 높지만 불안정한 사람보다 적은 공격성을 보였다. 높고 불안한 자존감보단 낮고 안정적인 자존감이 차라리 더 나을 수 있다는 것이다.

또한 바우마이스터 등의 연구에 의하면 가정폭력범을 포함하여 타인에게 폭력적이거나 갑질하기 좋아하는 사람들도 자존감이 낮은(자신이 진심으로 가치 없는 인간이라고 여기는) 사람들이 아니었다. 그들은 자신은 분명 엄청난 사람인데(이건 기정사실) 자신의 대단함을 충분히 '받들어'주지 않는 주변 사람들이 나쁜 거라고 생각하는 경향을 보인다.[5] 추구하는 방법도 이상하고 연약하고 무너지기 쉬운 자존감이긴 하지만, 스스로를 보통 이상으로 대단하게 여기는 등 높낮이를 따지면 분명 그들의 자존감은 높다.

이렇게 모래 위에 높이 쌓은 자존감들은 늘 불안하며 아무리 높아도 별로 좋을 게 못된다. 좌절을 맞이했을 때 매우 쉽게 꺾이고, 꺾였을 때의 모습 또한 보기 좋지 않다. 누군가가 자신을 조금이라도 인정하지 않는다면 불안하고 높은 자존감을 지키기 위해 불같이 화를 내는 등 매우 '방어적'인 모습을 보이기도 한다.

따라서 앞서 살짝 언급했지만 학자들은 자존감의 높낮이보다 자존감을 건강하게 추구하고 있는지 여부가 훨씬 중요하다고 이야기한다. 예컨대 굳이 누구랑 비교해서 우월감을 느끼지 않아도, 또는 애서 합리화하지 않아도 스스로의 삶에 만족하며 살 수 있는 것 말이다. 여기에는 무엇보다 실제로 즐거운 일을 하고 있는가, 좋은 친구들이 있는가의 여부가 중요하다.

또한 자존감 이전에 자신에 대해 '현실적인 기대'를 갖는 게 우선이다. 만약 완벽주의자의 경우처럼 1등이 아니면, 뭐든지 한 방에 해내지 못하면 "나는 쓰레기"라는 말도 안 되는 기준을 갖고 있다면(사회가 이런 기준을 들이미는 것 또한) 어떻게 해도 건강한 자존감을 갖기 어렵다.

삶에 대한 겸손, 즉 삶이 항상 내 뜻대로 되는 건 아니지만 그래도 괜찮다고 여길 줄 아는 것, 내가 늘 대단하지 않아도 괜찮다고 생각할 줄 아는 것 또한 중요하다. 이런 겸허한 태도는 앞서 언급한 지혜로운 사람들의 특징이기도 하다. 성숙해지기 위한 출발점으로 불리기도 하며 자존감을 이야기하기 이전에 우선 살펴봐야 하는 부분이다.

나 자신에게 너그러워지기

텍사스대학교의 심리학자 크리스틴 네프Kristin Neff와 동료들은 사람마다 타인에 대해 이해심 있고 너그럽게 대하는 정도가 다 다르듯, 자기 자신에 대해서도 너그러운 정도가 다르다는 점을 확인했다.[6]

다른 사람들에게는 그렇게 심하게 굴지 않으면서 유독 자기 자신의 실수에 대해서는 "그렇게 못난 짓을 하다니", "난 이제 끝났어"라며 스스로에게 강한 비판을 하는 사람들이 있는가 하면, "나도 다른 사람들과 똑같이 하나의 불완전한 인간일 뿐이야. 모두가 그렇듯 나도 얼마든지 실수할 수 있고, 그건 자연스러운 일이야. 괜찮아"라며 스스로를 다독일 줄 아는 사람이 있다는 것이다.

그리고 연구자들은 이 너그러움이 삶의 좌절을 성공적으로 견디는 데 중요한 열쇠가 된다는 사실을 발견했다. 자신에 대해 친절하고 너그러운 사람들, 즉 자신도 인간임을 인정하고 자신의 단점에 대해 깊은 이해심을 보이는 사람들은 그렇지 않은 사람들에 비해 같은 실패를 겪어도 부정적 정서를 덜 느끼고 더 빨리 극복하는 모습을 보였다.[7]

한 가지 더 흥미로운 사실은 자신에 대해 너그러워지는 것이 여기저기서 중요하게 강조되는 높은 자존감보다도 좌절을 막는 데 더 효과적이라는 것이다.

자존감이 높은 사람들은 어떻게든 자존감의 추락을 막기 위해 실패했을 때 "내 잘못이 아니야"라는 책임 회피나 "애초에 그 일은 나에게 별로 중요하지 않았어" 같은 합리화 전략을 많이 쓴다. 하지만 자존감은 낮더라도 자기 자신에 대해 너그러운 사람은 이런 방식의 정신승리를 잘 보이지 않는다.

마크 리어리는 사람들에게 '인생 최대의 실패' 같은 걸 떠올리게 하고 스스로에 대해 긍정적으로 생각해보라는 등 자존감을 높이는 처치를 하거나(자존감 조건), 애써 자신에 대해 긍정적으로 생각하기보다 자신도 한낱 인간이며 얼마든지 실수할 수 있다는 사실을 받아들이라는 처치(너그러움 조건)를 했다.

그 결과 실패 후 자존감을 높인 사람들은 자신의 프라이드를 방어하는 데 급급하고 자신의 책임을 부인하는 반면, 자신에 대해 너그러워질 기회를 가진 사람들은 자신의 책임이 있음을 인정하면서도 전자에 비해 훨씬 부정적 정서를 덜 느끼는 모습을 보였다.[8] "내가 잘못한 게 아니야! 나는 멋진 사람이라고! 내가 그랬을 리 없어!"라며 도망치기보다 자신의 실패를 바라보며 "그때는 분명 내가 이런저런 잘못과 실수를 했어. 하지만 괜찮아"라고 할 수 있었다는 것이다.

한발 더 나아가 이들은 자신의 책임을 인정하는 만큼 자신의 단점을 개선하려는 의지 또한 더 강하게 보였다.[9] 예컨대 성적이 낮게 나왔을 경우 자존감을 높이는 처치를 한 사람들은 "나는 똑똑한 사람이야. 고로 내가 못한 게 아니라 시험문제가 유독 어려웠던 거야" 같은 생각을 통해 위안을 얻고 넘어가는 반면, 자신에 대해 너그럽게 생각해본 사람들은 "누구나 미끄러질 수 있어. 다음에는 더 잘하면 되지"라며 실제로 더 오랜 시간 공부하는 모습을 보였다. 이들은 "실패했어. 하지만 괜찮아. 다시 하면 돼"라는 사고방식을 가졌다.

흔히 생각하는 것과 다르게 스스로를 심하게 몰아붙이고 채찍질하는 것 또는 덮어놓고 나는 멋진 사람이라고 생각하는 것보다,

자신에 대해 깊은 이해심을
발휘할 줄 아는 것,
모두 그렇듯 자신도 인간이기에
완벽할 수 없다는 걸 인정하는 것.

자신에 대해 깊은 이해심을 발휘할 줄 아는 것, 모두 그렇듯 자신도 인간이기에 완벽할 수 없다는 걸 인정하는 것(현실적인 자기인식)이 정신건강을 지켜주면서 자기발전적인 행동을 할 수 있게 도와준다.

또 한 가지 중요한 사실은, 자신에 대해 너그러울 줄 아는 사람들은 그렇지 않은 사람들에 비해 타인에게도 너그러운 모습을 보인다는 것이다. 자신에게 너그러울수록 타인에게도 더 좋은 평가를 내리며 심지어 자신에게 적대적인 대상에 대해서도 앙심을 품는 정도가 덜 하다는 연구 결과들이 있다. 타인을 향한 너그러움 역시 우선 나 자신에 대해 현실적인 기준을 적용하는 것에서부터 온다.

지금까지의 인생에서 늘 고군분투하느라 힘들었을 자신과 주변 사람들에게 "당신이나 나나 허점 많은 인간일 뿐. 내가 때때로 실수하고 다른 사람들을 상처 입힐 수 있는 것처럼 당신도 그렇겠지요. 괜찮습니다"라는 작은 너그러움을 선사해보면 어떨까? 좌절로부터 비교적 자유로워질 수 있을 것이다.

04

성숙한 마음 키우기
겸손과 나르시시즘

이제 '겸손'에 대해 이야기해보자. 겸손에 대해 정리하면서, 그동안 내가 겸손에 대해 잘못 이해하고 있었음을 깨닫게 되었다. 예컨대 겸손이란 무조건 자신을 낮추는 것이라고 생각하고 있었는데 사실은 그렇지 않았다.

실제 겸손한 사람들은 긍정적인 자기지각을 가지고 있을 가능성이 높다. 또 겸손한 사람들과 겸손하지 않은 사람들의 가장 큰 차이는 자기지각에 있지 않고 '타인을 높이는가'의 여부에 있다. 다시 말해 겸손은 '자신을 낮추는 것이 아니라 타인을 높이는 것'이라는 이야기다.

겸손의 반대는 무엇일까? 아마 타인을 낮춤으로서 자신의 높음을 드러내고 싶어 하는 습성을 말할 것이다.

여기서는 진정한 겸손이란 무엇인지, 그리고 겸손의 반대, 즉 나르시시즘에 대해서도 살펴보겠다.

건강한 자기지각

겸손한 사람들은 그렇지 않은 사람들에 비해 타인에게 관대할 뿐 아니라 자기 자신에게도 너그러운 편이다.[1] 또 스스로에 대해 아주 높은 기준을 설정하거나 자학하지 않고, 타인에게도 역시 마찬가지다. 그들은 자신과 타인이 모두 부족함이 많은 인간임을 잘 받아들이며, 그런 인간치고 이 정도 하면 꽤 잘하고 있는 거라고 생각한다. 자신이나 타인의 부족함을 마주했을 때 "음, 그럴 수도 있지. 괜찮아"라고 할 수 있는 게 바로 겸손이다.

이렇게 삶에 대해 겸손하고 자기 자신과 타인에게 너그러울 줄 아는 사람들은 애써 자신을 '방어'하거나 대단하게 포장할 필요를 덜 느낀다. 완벽하지 않지만 (사실 그게 당연하고) 그래도 괜찮기 때문이다.

또 겸손한 사람들은 보상심리와도 통하는 면이 있는 특권의식('나는 이 정도 대접은 받아야 한다/받을 자격이 있다'는 느낌. 나르시시즘의 핵심으로 여겨진다)을 비교적 덜 드러낸다.[2]

자신의 멋진 부분들을 알고 있지만 그게 남들보다 특별히 우월하다고 생각하지는 않는 것, '나는 이대로도 충분히 멋진 사람'이라는 느낌 자체로 행복할 줄 아는 것, 굳이 옆에서 누가 대접해주고 높여주지 않아도 자족할 수 있는 것이 진정한 겸손의 모습이다.

만족의 원천이 비교우위가 아니기 때문에 굳이 자신보다 열등한 누군가를 찾거나 다른 사람을 깎아 내려가며 자신의 우위를 드러내 보일 필요도 없을 것이다. 비슷하게 자신보다 뛰어난 누군가를 보았을 때 박탈감이나 열등감을 느낄 필요도 없고 늘 비교하고 열등감을 느끼느라 기진맥진할 일도 별로 없을 것이다.

자기중심적인 해석

겸손의 반대에는 나르시시즘이 있다. 나르시시즘 성향을 가진 사람들은 자존감의 원천이 '비교우위'와 '우월감'이라 끊임없이 자신의 우위를 확인하려 든다. 누가 나보다 잘나진 않았는지 끊임없이 감시하고, 못나 보이는 사람을 찾은 다음에는 "역시 난 대단해"라고 생각하며 만족한다.3

이렇게 다른 것보다 우월감이 자아를 높이 지탱하는 중요한 원천이 되기 때문에 자신의 우위가 조금이라도 위협받는 느낌이 들면 금세 방어적인 태도를 취하게 되고 화를 내거나 공격적인 모습을 보이기도 한다. "감히 너 따위가 멋진 나를 몰라봐(어서 내 자존감을 뒷받침하라고!)?" 이런 느낌이라고나 할까. 그러다 보니 자기 자신도 피곤하겠지만 주변 사람들도 피곤해진다. 특히 상사 중에 이런 사람이 있으면 열심히 비위를 맞추느라 일보다 사람이 더 힘든 일이 생긴다.

또 나르시시스트들은 모든 사안을 지나치게 자기중심으로 해석한다. 타인은 조금도 신경 쓰지 않는데 "저 사람이 지금 나를 신경 쓰고 있어"라고 착각한다든가 온 세상이 자신을 중심으로 돌아가는 것처럼 해석한다. 이런 모습들은 겸손한 사람들에게서는 비교적 잘 나타나지 않는다.

한편으로 나르시시스트들은 잘 보여야 하는 사람들에게는 엄청 싹싹하게 굴어서 사회생활은 그럭저럭 잘한다. 소위 '프로페셔널 위선자' 같은 사람들이다.

모래 위의 성처럼

나르시시스트들이 흔히 보이는 모습에는 다음과 같은 것들이 있다.

- 과도하게 긍정적인 자기지각(나는 대단하다!).
- 자신을 높이려는 맥락에서 남들과 차별화/구분 지으려는 시도(나는 너희들과는 달라!).

- 추앙받고 싶어 하며 그럴 자격이 있다는 생각(나한테 이 정도는 해줘야지!).
- 모든 성과는 자신에게 돌리고 모든 잘못은 타인에게 전가(이건 내 덕이지만 저건 네 탓이다!).

정리하면 이런 나르시시즘은 다음과 같은 동기들로 성립된다. 첫째 과도하게 긍정적인 자기지각/높은 자존감, 둘째 우월감에 대한 욕구. 여기서 두 번째 동기가 문제가 되는 부분이라고 할 수 있다. 실제 관련 연구들에 의하면, '우월감에 대한 욕구'가 나르시시스트들로 하여금 자존감이 높은 반면 사람들의 반응과 평가에는 상당히 취약한 면을 갖게 만든다. 앞에서도 이야기했던 '높지만 쉽게 흔들리고 취약한 자존감'이라는 것이다.

높은 자존감을 스스로 유지할 수 있다면야 문제될 게 없지만, 나르시시스트의 자존감이란 주변으로부터 끊임없이, 그것도 엄청난 정도로 인정받아야만 유지되는 구조이기 때문에 불안하다. 물론 여기엔 애초에 자존감이 지나치게, 즉 비현실적으로 높아서 이런 원천에 기대야 하는 면도 있다. 자기지각의 내용이 "난 멋진 사람이야" 정도가 아니라 "난 '최고로' 멋진 사람이야. 보통사람과는 다르다고"이기 때문에 그것을 증명받기 위해서는 늘 주변의 피드백이 필요한 것이다.

그렇기 때문에 항상 남들 앞에서 자신의 공을 과장하고 조금이라도 남들이 자신을 인정하는 것 같지 않거나 충분히 호응해주지 않는 것 같으면 화를 낸다. "네가 감히 나를 무시하다니!"라고 하면서 말이다.

최근의 한 연구에서도 이렇게 자존감을 유지하기 위해 과한 인정이 필요한 사람들, 즉 자존감이 쉽게 출렁이는 사람들은 그렇지 않은 사람들에 비해 화를 조절하는 능력이 낮고, 부끄러움을 쉽게 느끼고, 사람들에게 적대적인 태도와 불신을 잘 보이는 현상이 확인됐다.[4] 이런 사람들을 보면 마치 언제 무너질지 모르는 탑처럼 위태로워 보인다. 또한 이러한 행동은 자기 자신뿐 아니라 주변 사람들까지 괴롭게 만든다.

안정적인 자존감, 자기 자신을 지나치게 멋진 존재로 과장하고 포장할 필요 없이 있는 그대로의 자신을 받아들일 줄 아는 것, 지금의 나로도 괜찮다고 생각할 줄 아는 것, 또는 스스로에게 너그러울 줄 아는 것의 중요성을 다시 한 번 되새겨본다.

05

묶인 생각 풀어내기
고정관념

자신이 처한 현실과 있는 그대로의 모습을 바라볼 줄 아는 것은, 단순한 현실도피로서 스스로를 속이는 일을 경계하기 위해 꼭 필요하다. 우리가 현실도피를 할 때 자주 사용하는 것 중 하나는 바로 "원래 그러니까 괜찮아"라는 고정관념이다.

　우리 사회에는 수많은 고정관념이 존재한다. 우리는 자주 고정관념을 탈피해야 한다고 말하지만, 오히려 때때로 이 고정관념을 이용해 자존감을 지키려는 시도를 하기도 한다.

　예를 들어 수학시험에서 안 좋은 결과를 얻은 여성 수험자가 "여자는 원래 수학을 못하니까 괜찮아. 내가 특별히 못난 게 아니야"라며 위안을 얻고 자존감을 지키는 현상이 나타나는 것이다.[1] 여자가 수학을 못한다는 생각은 근거 없는 고정관념에 불과한데 말이다.

고정된 생각이 실력을 낮춘다

여성은 수학을 못한다는 생각은 대표적인 고정관념 중 하나로, 관련한 여러 연구가 있다. 다수의 연구에서 사회가 발전할수록(남녀 모두에게 교육기회가 평등해질수록) 수리 능력, 언어 능력, 기억력 등에서 유의미한 성차가 나타나지 않음이 밝혀졌다.

　초 · 중 · 고등 교육과정에 걸쳐 여성과 남성의 수학 능력을 비교한 약 100건의 연구들을 종합해서 분석한 한 연구가 있다. 이 연구에서는 전반적으로 여성이 더 높은 수행 수준을 보이지만 그 차이가 근소하기 때문에 성별에 따른 차이는 없는 거나 마찬가지라고 결론 내렸다.[2] 그럼에도 여성들에게 "여자는 원래 수학을 못한다"는 이야기를 들려주면 그 말을 듣지 않았을 때에 비해 갑자기 수학 성적이 눈에 띄게 떨어지는 현상이 나타난다.[3]

　이와 비슷하게, 동일한 문제를 두고 '수학 테스트'라고 이야기하면 수행에 성차가 나타나지만 '문제 해결 능력 테스트'라고 이야기하면 성차가 나타나지 않았다. 또 여성들에게 당신이 가지는 수학에 대한 불안이 실은 편견 때문에 생긴 거라는 정보를 주었더니, 점수가 향상되었다는 연구도 있다.[4] 또한 여성은 수학을 잘 못한다는 고정관념을 내면화한 여성들의 경우 수학 성적이 낮은 경향이 나타나지만, 이를 내면화하지 않은 여성들의 경우에는 남성들과 차이가 나타나지 않았다는 연구도 있다.[5]

그 밖에도 수학을 잘 하는 편인 백인 남성들을 대상으로 "백인은 아시아인보다 수학을 못한다" 같은 암시를 주면 어려운 문제를 잘 풀지 못하는 현상이 나타난다.[6]

이렇게 편견 하나 때문에 실제 수행 능력이 떨어지는 이유는 무엇일까? 우선 주변의 부정적인 시선이 신경 쓰이기 때문이다. 시험에만 모든 신경을 쏟아도 모자란데, 신경을 분산하게 되니까 인지적으로 불리한 상황에 놓일 수밖에 없다. 작업 기억에 과부하가 걸리는 현상이 나타나는 것이다.

또 자기 자신이 고정관념에 사로잡혀버려서 어차피 해봤자 안될 거라는 생각에 체념하고 노력도 하지 않게 되어 정말로 못하게 되기도 한다. 그 과정에서 고정관념 때문에 실력이 저하됐는데, 그것을 다시 실력 저하에 대한 변명으로 사용하는("여자는 원래 수학을 못하니까 괜찮아. 내가 부족한 게 아니야") 아이러니한 현상이 나타난다.

이와 같은 방식의 자존감 지키기는 '자기 자신에게 핸디캡 주기 self-handicapping'와도 비슷하다. 예를 들어, 시험을 잘 못 볼까 봐 일부러 몸을 혹사시켜서 건강을 악화시키는 등 핑계를 만들어두는 것이다. 시험을 망칠 수밖에 없었던 핑계 말이다. 실력이 부족해서가 아니라 "몸이 안 좋아서", "잠이 부족해서" 시험을 못 본 것이다.

　이렇게 하면 결과는 좋지 않더라도 "내 실력이 부족한 게 아니라 상황이 안 좋았던 것일 뿐"이라며 자신의 사회적 평판을 지키고, 스스로도 "내 잘못이 아니야"라고 생각하며 안도감을 느낄 수 있게 된다. 어떻게든 좌절감을 떨치고 자존감을 지키려는 몸부림이라고 볼 수 있다.

우리 주관은 오류투성이

우리는 살면서 종종 고정관념을 핑계로 제시할 때가 있다. 앞에서 얘기했듯 수학시험을 망친 다음 "여자는 원래 수학을 못해"라고 핑계를 대는 것처럼 말이다. 우리는 이 고정관념이 틀린 것임을 이미 확인했다. 그렇다면 우리가 생활 속에서 자주 접하는 다른 고정관념의 경우는 어떨까?

　흔히들 여자들이 남자들보다 말이 많다고 여긴다. 그런데 실제 연구에 의하면 그렇지 않다. 최근 스마트폰으로 사람들의 이야기를 녹음하는 등 실시간 데이터를 이용해 분석한 연구가 있었다. 이 연구에서는 식사시간 같은 평범한 상황에서는 남녀가 비슷한 정도로 이야기하고, 일을 할 경우에는 그룹 크기에 따라 사람이 많을 땐 남성이, 적을 땐 여성이 각각 더 많이 이야기하는 경향이 나타났다.[7] 또 아이들의 경우에도 흔히 여자아이가 더 말이 많다고 생각하지만 실제로는 성별에 따른 차이가 없었다.

2007년 〈사이언스〉에 실린 연구 역시 일상생활의 대화 속에서 대화량에 있어 남녀 차이가 없다는 결과를 밝힌 바 있다. 이 연구에서는 가장 말이 많은 사람들을 따로 분석했을 때도 성차가 나타나지 않았다.[8]

기존의 생각을 엎는 재미있는 결과이면서 개인적으로 많은 반성을 하게 해준 결과이기도 하다. 나 역시, 아무런 비판적 생각도 없이, 조사해보나 마나 여자들이 당연히 더 말이 많을 거라고 예상했기 때문이다.

이는 우선 '확증편향(정보들을 내 믿음에 부합하는 방향으로 해석하는 경향)' 때문일 것이다. 즉 수다스러운 여자들을 만나면, "역시 여자들은 말이 많군"이라고 생각한다. 반대로 말수가 적은 여자들을 만나면, 특이한 경우라고 생각하거나 신경도 쓰지 않는다.

남성이 말이 많은 경우를 보면 "너는 참 말은 사람이구나"라고 그것을 개인의 특성으로 생각하는 반면, 여성이 말이 많은 경우를 보면 "역시 여자는 말이 많아"라고 집단의 특성으로 생각한다. 이 또한 고정관념 형성에 큰 영향을 미친다. 이런 게 장시간 반복돼서 "여자들은 말이 많다"는 것이 기정사실화되어버리는 것이다.

우리의 주관은 이렇게 오류투성이다. "내 경험상 정말로 그렇다고!"라는 것은 믿을 게 못 된다. 따라서 나 자신의 한계를 알고

"그런 생각은 고정관념이 아닐까?" 하고 생각에 제동을 거는 태도를 가지면 좋을 것 같다.

또 남자는 원래 여자보다 공감 능력이 떨어진다는 고정관념이 존재한다. 최근의 관련 연구들은 공감 능력이 필요한 상황이거나 누군가가 공감하라고 시키면 남성들도 여성과 동일하게 공감을 잘한다는 걸 보여준다.

예컨대 "당신은 공감 능력이 좋습니까?"라고 명시적으로 물어볼 때만 여성들은 자신의 공감 능력을 스스로 높게 평가하고 남성들은 비교적 낮게 평가하는 경향이 나타난다. 하지만 실제로 공감 능력을 측정해보면 별 차이가 없다. 특히 공감 능력을 잘 발휘했을 때 금전적인 보상 등이 있는 상황에서는 성차가 완전히 사라지는 현상이 나타나곤 한다.[9]

따라서 올리비에르 클라인Olivier Klein 등의 학자들은 공감 능력에 있어 남자들이 그간 사회적으로 크게 요구받지 않았고 그것을 드러낼 기회가 없었던 것이며, 그렇기 때문에 능력이 떨어지는 게 아니라 드러내지 않은 것에 좀 더 가깝다고 이야기한다. 능력보다 동기의 차이라는 것이다.

따라서 "남자는 원래 공감 능력이 떨어지는 동물이니까"라는 고정관념을 사용하여 잘못을 변명하거나, 남자에게 많은 걸 기대하지 말라며 남성을 평가절하하는 것은 잘못된 태도다.

또 설령 내가 속한 성별 또는 그 밖의 여러 소속 집단 등에 따라 차이가 존재한다고 해도, 사실 많은 경우 개인차가 훨씬 크다는 점을 기억하자. 내가 속한 각종 집단들의 평균이 어떻다고 해서 그걸 곧 나나 다른 개인들에게 적용하며 각종 변명으로 쓰거나, 반대로 누군가를 비난하기 위해 쓰는 건 바람직하지 않을 것이다.

현실직시의 용기

이렇게 내 힘으로 어쩔 수 없는 무엇(예를 들어 '성별')이 모든 문제의 근원이라고 믿어버리는 건, 문제를 깊이 직면할 필요도, 또 굳이 고칠 필요도 없이 그냥 손 놓게 해주는 좋은 방법인지도 모른다. "원래 그런 걸. 어쩔 수 없었어"라면서 말이다.

하지만 우리에게 이로운 너그러움이란, 항상 정확한 '현실직시'로부터 시작한다는 점을 기억해보자. 먼저 문제를 제대로 바라보고, 그 문제가 어디서부터 시작된 건지 파악해보아야 한다. 그리고 인간이기에 그러한 문제가 충분히 있을 수 있다고 생각하고, 가능하다면 그 문제와 싸울 준비를 해보면 좋을 것이다. 어쩌면 너그러움은 '용기'를 전제하는지도 모르겠다.

현실직시의 관점에서 이런 생각을 해볼 수도 있다. 우리 주변에는 우울증 등으로 치료를 받는 사람들을 나약하다고 보는 시선들이 종종 있다. 하지만 한 번 더 생각해보면 그런 시선들과 힘듦

속에서도 자신의 상태를 인정하고 치료를 시도하는 것 자체가 엄청 강인한 모습이다. 자신의 문제를 직시한 용기가 있는 것이니까 말이다. 그런 그들에게 나약하다며 손가락질하기보다 그들의 강인함과 용기를 인정해주고 응원해주는 것이 우리가 할 일이 아닐까 생각해본다.

06

변화란 고통이다
통제 욕구

인간은 변화를 싫어한다. 적응 과정은 언제나 많은 에너지를 소모하기 때문이다. 그 변화에 이를테면 권력의 이동과 같은 자신의 정체성, 사회적 지위, 이권 등의 굵직한 문제가 개입된 경우 더더욱 싫을 수밖에 없다.

그래서 기존의 권력 체계가 이동하려고 할 때, 사회적 약자들이 자신들의 소리를 내기 시작할 때, 사람들은 거의 자동으로 기존 체제를 옹호하며 보수적인 입장을 취하게 된다. 일례로 미국에서 스스로 진보적이라고 평가하던 사람들에게 "히스패닉 인구가 점점 증가하고 있다"는 내용의 기사를 살짝 보여주면 갑자기 보수화되면서, 인종정책에서뿐 아니라 전반적인 문제에 있어 "우리 사회는 아무런 문제가 없다. 지금 이대로도 괜찮다" 같은 태도를 보이게 된다는 연구가 있다.[1] 그만큼 사람에게 변화는 '막아야 하는' 싫은 것이다.

가난해도 행복하니까 괜찮을까?

이렇게 사람들은 기본적으로 변화를 싫어한다. 따라서 권력관계 같은 아주 굵직한 사회 구조들이 변화할 것 같으면 기존 사회에서 별 불편 없이 살아온 사람들(소위 기득권)은 가급적 현 상태를 유지하려는 경향을 보이게 된다.[2]

변화를 거부하는 과정에서 사회적으로 나타나는 메시지는 크게 두 가지가 있다. 하나는 '피해자 비난하기'다. 약자가 약자인 것이 사회적 차별 때문이 아니라 순전히 약자의 못남 때문이라고 얘기하는 것이다. 예컨대 인종이나 성별 자체가 열등하기 때문에 해당 사람들을 차별하는 것은 정당하다는 메시지가 여기에 속한다.

다른 하나는, "송충이는 솔잎을 먹어야 한다"는 식의 회유 메시지다. 같은 맥락에서 경제가 어려워져 가난한 사람들의 불만이 높아지면 사회적으로 다음과 같은 메시지가 자주 나타난다고 한다.

- "일이 힘드십니까? 하지만 그만큼 보람차지 않나요? 가진 건 없어도 아직 젊고 행복하니까 그걸로 된 겁니다."

• "가난하지만 가족들과 단란하게 살 수 있다면 그걸로 된 겁니다. 부자라고 다 행복한 건 아니니까요."

이런 생각들을 사회심리학 용어로 '상보적인 믿음'[3]이라고 한다. 보통 "가난하지만 행복하다" 또는 "부자지만 불행하다", "힘들지만 보람차다"와 같이 반대되지만 상호보완적인 내용을 담는다.

'피해자 비난하기'는 사람들을 체념하게 하고("그래, 다 내 잘못이야"), 상보적인 믿음은 불만 있는 자들을 회유하는 데(화를 누그러뜨리는 효과) 탁월한 효과를 발휘한다. 이 둘이 동시에 발휘되면 "힘들긴 하지만 그래도 행복해. 내가 좀 더 열심히 하지 않아서 이렇게 사는 거지, 뭐"라는 생각이 만연해진다.

여러 연구에 의하면 이런 다양한 메시지들은 실제로 우리가 변화를 (은연중에) 피하고 현 상태를 유지하도록 하는 데 기여한다.

새로운 권력을 거부하다

이러한 모습은 흔히 '여성의 사회 진출'에 관한 문제에서 찾아볼 수 있다. 우리는 종종 사회적으로 잘나가는 여성들에 대해 "다 좋은데 기가 세" 같은 말을 듣는다. "남자가 기가 세서 어디다 쓰려고" 같은 말은 거의 들어보지 못했는데 왜 유독 여자에게만 이런 말이 나오는 걸까?

왜 여자가 높은 지위를 갖는 것을 우리 사회는 암묵적으로 꺼리는 걸까? 개인적인 생각이지만, 권력의 이동을 꺼리는 이유 중 하나는 그간 약육강식의 질서에서 안정적으로 밑을 깔아주고 있던 사람들이 어느 순간 갑자기 경쟁 상대 또는 그 이상이 되는 것에 대해 불편함과 두려움이 있기 때문이 아닐까? 같은 맥락에서, 기 센 여성을 기피하는 현상 또한 무시할 수 없는 새로운 권력의 등장에 대한 경계심이 작용한 것이 아닐까 생각한다. "계속 내 밑에 있어주면 좋을 텐데!"

이런 유의 경계심과 관련해서 여성이 힘을 갖게 되면서 남성이 커다란 정신적 피로를 겪게 된다는 것은 다양한 연구를 통해 확인된 바 있다. 예컨대 부인이 남편보다 더 소득이 높은 가정의 경우 그렇지 않은 가정에 비해 남편들이 더 높은 스트레스를 보이며 '발기부전'이 나타날 확률도 더 높았다.[4] 부인의 소득과 교육 수준이 남편보다 크게 높을수록 가정에서 남편에 의한 '정서적인' 학대가 나타날 확률이 높았다는 연구도 있다.[5]

이렇게 기존의 권력관계가 변화하는 데 대한 반응으로 현상 유지와 변화 거부 시도들이 고스란히 나타나는 것 같다. 예를 들어 "여자들은 이래서 문제야"라는 식으로 여성들의 능력을 깎아내리는 시도들("사회 진출이 어려운 건 네 능력이 부족해서야")이나, "자신을 희생하면서 행복하게 사는 여성들이 있다" 같은 상보적 메시지들 말이다. 먼저 의지를 꺾고 그다음엔 회유하는 것이다. 이러한 회유는 은연중에 기존의 역할대로 '자신의 욕망을 내세우기보다 타인을 위해 희생하는' 여성들에 대한 찬양으로도 나타난다.

이제 가장 중요한 질문으로 넘어가보자. 이렇게 상보적인 메시지를 통한 회유에서 더 나아가 '잘나가는 여성들'을 낮추고 그 반대개념으로 이런저런 개념녀들을 내세우는 현상은 왜 나타나는 걸까?

개념녀의 탄생

한 연구에서는 여성에 대해 차별하는 국가일수록 여성에 대한 경멸과 찬양이 동시에 존재한다고 밝혔다.6 여성의 인권 수준이 낮은 사회일수록 '바람직한 여성상 또는 각종 개념녀(주로 순응적이고 희생적인 모습이다)'가 존재하며, 이러한 틀에 속하는 여성에게는 당근을 던져주지만 이 틀에서 조금이라도 벗어날 경우엔 가혹한 비난을 서슴지 않는다는 것이다.

개념녀라는 것, 즉 '바람직한 여성 가이드라인'에 얼마나 잘 맞춰 사느냐에 따라 해당 여성에 대한 비난 또는 찬양의 여부가 결정된다는 점이 참 흥미롭다. 이는 '잘나가는 여성'에 대한 반감 속에 밥그릇을 뺏길까 봐 걱정하는 것 말고도 다른 욕망이 숨어 있

나는 개념녀를 그만두겠다.

다는 걸 보여주는 것 같기 때문이다. 바로 '여성을 통제하고 싶은 욕망' 말이다.

사람 또는 동물을 길들이는 가장 효과적인 방법 중 하나는 지속하길 원하는 행동에 대해서는 칭찬을, 그만두었으면 하는 행동에 대해서는 벌을 주는 것이다. 우리는 칭찬을 받은 행동은 계속 하게 되고 벌을 받은 행동은 그만두게 된다. 이는 어떤 대상이 특정 방향으로 행동하도록 만드는 '행동 수정'의 기본 원칙이다.

개념녀의 기준에 맞는 여성의 행동에는 칭찬을, 그렇지 않은 행동에 대해서는 비난을 하는 데에도 이런 행동 수정의 원리가 적용된 것 같다. 아니면 혹시 개념녀가 존재하는 데에는 여성의 행동을 구체적으로 조절하고자 하는 여러 의도들이 숨어 있는 것 아닐까? 즉 유독 여성들에 대해 "내가 원하는 모양의 인간으로 살아줘"라는 사회적 요구들이 많은 것 같다.

결국 다양한 개념녀와 무개념녀가 나뉘어 여성에 대한 비난과 칭찬이 공존하는 데에는, 여성들이 예전에 비해 뜻대로 다뤄지지 않는다는 것에 대한 신경질과 그럼에도 계속해서 통제하고 싶다는 욕망이 함께 담겨 있는 것 같다는 생각이다.

"자 보세요. 여러분도 이렇게 저렇게 행동해서 (내가 바라는) 개념녀가 되어야 하지 않겠어요?"라는 끊임없는 권유와 "왜 그렇게 (내가 바라는 대로) 행동하지 않니!"라는 화풀이가 동시에 나타나는 것이다.

비슷한 맥락에서 특히 남의 말보다 자신이 원하는 바를 따라 사는 여성들에 대해 '무개념녀, 기가 세다, 이기적이다' 등의 수식어가 따라 붙는 것도 같다.

이런 행동 수정의 원리는 상당히 강력해서, 앞에서도 밝혔지만, 실제로 성차별적인 사회에 살아가는 여성들은 그 사회의 남성들보다도 더 가부장적인 가치관을 가지고 살아가며 스스로 개념녀 타이틀을 얻기 위해 노력하는 경향이 있다.[7] 기 센 여성이 되는 순간 삶이 피곤해지기 때문이다.

모두의 행복을 위해

한편으론 "여성의 삶이 통제당하는 게 뭐 어때서?"라는 생각을 할수도 있을 것이다. 그러나 성차별 문제에서 간과할 수 없는 중요한 사실은 성평등 정도가 높은 사회일수록 남녀 모두의 행복도가 높다는 것이다.[8]

성차별의 핵심 기제는 성별로 사람의 등급을 나누고 개인들의 삶을 옭아매는 것인데, 여자는 "OO해야만 한다"는 인식이 강하게 박혀 있는 사회에서는 마찬가지로 남성에 대해서도 고정된 인식이 강하게 존재한다. 이런 성별 고정관념이 만연한 사회일수록 남녀 모두에게 있어 삶의 자유도가 크게 떨어질 수밖에 없다. 일례로 가사는 여성의 일이라는 고정관념이 강한 사회일수록 가정생활에 충실한 남성에 대한 조롱과 왕따가 흔하다는 연구가 있다.[9] 여성의 사회진출에 제약이 클수록 남성들이 경제적인 짐을 많이 지게 되는 것도 또 다른 예가 되겠다.

하지만 안타까운 사실은 성차별로 인한 폭력을 그만두자고 이야기하면 마치 제로섬 게임처럼 반대쪽 입장에 처한 사람이 그 피해를 대신 받는 것으로 받아들이는 경우가 많다는 것이다. 따라서 이에 대한 막연한 두려움과 변화에 대한 거부로 인해 "성차별은 존재하지 않는다고!"라며 눈과 귀를 막아버리기도 한다.

더 나아가 성차별에 대해 이야기할 때 "분명한 잘못이고 시정되어야 한다"는 합리적인 반응보다, "남성도 당한 것이 많다!"라는 엇나간 논점이 튀어나오는 현상도 연구된 바 있다.[10] 이는 '내집단'이 불의한 일에 직·간접적으로 연관되었다는 정보를 받으면 일종의 집단적 피해의식을 발휘하며 손상된 도덕 정체성을 회복하려는 현상이다. 우리는 "누가 더 나쁜가"보다 "어떤 잘못들이 있었고 각각 어떻게 시정되어야 하나"에 초점을 맞추어야 할 것이다.

끝으로, 변화는 모두에게 두렵고 고통스럽기 마련이다. 하지만 그렇다고 해서 아무 문제도 없는 양 눈을 가리고 있으면 아무것도 해결되지 않고 상황은 더 악화될 것이다. 해결책을 제시하진 못하더라도 최소한 문제를 제기하는 목소리들을 억압하지 말자.

항상 사회는 설치고 떠들고 생각하는 사람들에 의해 바뀌어왔다. 모두의 자유와 행복을 위해서라도 그 목소리들에 귀를 기울여주고 힘을 실어주어야 하지 않을까? 성차별 문제에 있어 더 많은 사람들이 이야기를 나눌 수 있길 바라본다. 우선 나는, 개념녀를 그만두겠다.

쓸데없음 인정하기

대학을 다닐 때 교수님들의 평가와 인정에 집착하는 경향이 있었다. 조금이라도 밉보이면 인생이 끝날 것처럼 말이다. 하지만 학교라는 울타리를 벗어나 세상에 나와 보니, '생각보다' 교수님들의 평가와 인정은 내 삶에 별 영향을 끼치지 못했다. 시간이 흐르고 그런 사실을 깨달았을 때 왜 그렇게 전전긍긍했을까 후회가 됐다. 교수님이 나를 나쁘게 판단한들 내 인생이 망하는 건 아닌데 말이다.

이렇게 남의 시선이 너무나 신경 쓰일 때는 앞의 '완벽주의'편에서 이야기한 방법을 한번 써보자. 그때의 상황이 어땠는지, 어떤 사람 앞에서 그런 감정이 들었는지 등등을 글로 써보고 그 일들에 대해 "쓸데없다"고 소리 내어 말해보는 것이다.

상황과 감정 나열하기
: 수업 시간에 발표를 할 때 교수님께 잘했다는 얘기를 못 들을까 봐 조마조마했다.

그리고 외치기
: "쓸데없다!"

이제 당신 차례다. 찬찬히 써보고, 통쾌하게 외쳐보자.

상황과 감정 나열하기

_____

_____

_____

그리고 외치기

"쓸데없다!"

상황과 감정 나열하기

_____

_____

_____

그리고 외치기

"쓸데없다!"

상황과 감정 나열하기

_____

_____

_____

그리고 외치기

"쓸데없다!"

Part 5

이해하며
삽시다

사람들과 더불어 살기란
어떤 것일까?

01

나와 다른 사람들
자기중심적 생각

인간은 한마디로 규정할 수 없는 복잡한 존재다. 우리는 이런 자신에 대해 어느 정도 파악하고 있어서 스스로에 대해 '대담하기도 하지만 때론 소심하며, 외향적이기도 하지만 때론 내향적'이라고 생각하는 등 자신이 복잡하고도 모순적이라는 사실을 잘 받아들인다. 그런데 연구에 의하면, 타인에 대해서는 그 복잡성을 잘 받아들이지 못한다고 한다.[1]

다른 사람에 대해서는 훨씬 단순하고 겉으로 드러나는 게 전부일 거라고 여긴다는 것이다. 자기지각과 타인에 대한 지각이 이렇게 차이가 있다는 점이 흥미롭다. 자기 자신이나 타인이나 모두 같은 인간인데, 왜 남도 나처럼 복잡할 거라는 생각을 하지 못하는 걸까?

잘 알지도 못하면서

다른 사람을 잘 이해하려면, 내 생각과 시선으로 그를 판단하지 않고 그 사람의 이야기를 있는 그대로 받아들일 줄 알아야 한다. 각자의 상황에 처해보지 않고는 그것이 얼마나 즐거운 일인지, 힘든 일인지 알 수 없기 때문이다.

박사과정에 있던 한 친구에게 어느 날은 이런 얘길 들었다. 중요한 과제를 하면서 극심한 스트레스를 받고 있던 날 무심코 창밖을 내다봤는데 갑자기 뛰어내리고 싶은 충동이 생기더라는 거다. 원래 자기는 성적 비관 등으로 자살하는 사람들을 이해하지 못했었는데, 스트레스가 극에 달한 상황에서는 정말 그런 선택을 할 수도 있겠구나 하는 생각이 들었다고 한다.

극도의 스트레스를 받아서 판단력이 제대로 작동할 수 없을 때는 극단적인 선택만이 유일한 탈출이자 구원이라는 강한 확신이 들 수도 있다. 실제로 어떤 상황이나 감정 상태에 함몰되어 다른 것을 고려할 수 없을 때 많은 사람들이 그 정서 상태에서만 가능한 선택을 하는 현상이 나타난다.

예컨대 배가 고플 때는 배부를 때와는 다른 정서 상태와 사고방식을 가지게 된다. 그리고 배부를 때는 하지 않았을 선택들, 예를 들어 마트에서 평소 먹는 것보다 훨씬 많은 양을 산다든지 등의 선택을 한다. 그리고 이내 후회한다. 이렇게 어떤 강한 정서 상태에 함몰되어 있는 경우를 '흥분 상태Hot state'라고 하는데 이런 경우에는 냉철하고 이성적인 판단을 하기가 힘들다.[2]

결국 역시 흥분 상태라고 할 수 있는 극한 상황, 끝으로 내몰린 듯한 절박한 상황, 무섭고 힘들고 그냥 이대로 가만히 있으면 죽을 것 같고, 어떻게든 도망치고 싶은 마음이 나를 지배하는 상황에서는, 그냥 내 손으로 다 끝내버리자는 생각이 훨씬 설득력 있게 다가올 수 있다는 것이다. 따라서 정서적으로 흥분 상태일 때는 중요한 결정을 내리지 않는 것이 좋다.

그런데 자신이 얼마나 힘들고 고통스러운지 이야기하는 사람에게 그 상황을 잘 이해하지 못한 채로 "그렇게 투정 부릴 힘으로 더 노력해보겠다", "왜 그렇게 나약하니?" 등의 이야기를 한다고 생각해보라. 얼마나 무신경하고 무책임한 말이겠는가?

우리가 경험할 수 있는 것은 오직 우리 자신만의 것이기 때문에 타인의 상황, 그 사람이 그럴 수밖에 없었던 이유는 기껏해야 추측만 할 수 있을 뿐이다. 잘 알지도 못하면서, 심약해서 그렇다느니 의지력이 부족하다느니 등등 탓하기만 하는 것이 과연 잘하는 일일까?

따라서 이 상황에서 우리가 취할 수 있는 가장 좋은 태도는 여러 성급한 판단을 제쳐두고 공감 어린 마음으로 이야기를 들어주는 것이다. "그럴 만한 이유가 있었겠구나. 그렇게 힘들었구나"라고 하면서 말이다.

어떤 사람들은 "그래도 넌 나보다 낫잖아. 더 좋은 조건을 가졌으니 덜 힘들 거야"라고 말한다. 좀 더 보편적인 예를 들자면 어른들이 "요즘 젊은이들은 고생을 몰라"라고 말하는 것과 비슷하다. 하지만 연구에 의하면, 행복과 자존감은 객관적 조건에 비례하지 않는다. 그리고 심지어 큰 관련도 없다.[3] 객관적 조건이 좋다고 해서 자존감이 높고 더 행복한 게 아니라는 얘기다. 따라서 사람은 조건과 상관없이 누구나 바닥을 치며 좌절감에 몸서리칠 수 있다.

우리는 다른 사람의 감정을 100퍼센트 이해하지 못한다. 바로 그 이유 때문에 그 사람이 느끼고 있는 감정을 가벼이 여길 수는 없을 것이다. 언젠가 "당신 앞에서 웃고 있는 그 사람이 바로 가정 폭력의 희생자, 학대받는 아동, 지독한 우울증과 자살충동에 시달리는 사람일 수 있다"는 글을 본 적이 있다. 나의 인생이 복잡하고 심오한 사건들로 가득하듯, 타인의 삶 또한 그럴 것이다. 내 눈에 비치는 모습만이 전부가 아니다. 그러니 나의 생각과 감정으로 다른 사람의 아픔을 가벼이 생각해서는 안 된다.

나에겐 바늘이 남에겐 칼일지도 모른다

앞의 이야기와 비슷하게, 내가 별것 아니라고 생각하는 게 남에게도 꼭 그런 것은 아니다. 그런데 우리는 이와 관련하여 자주 실수를 한다.

똑같이 바늘로 찔렸을 때 어떤 사람은 따끔하고 말 수도 있지만, 어떤 사람은 칼에 찔린 것만큼 아플 수 있다. 그런 사람에게 뭐 그리 대수로운 일이라고 호들갑을 떠느냐고 할 수는 없을 것이다. 이렇게 누군가의 상황에 대해 나 자신의 기준을 들이미는 것은 별로 좋은 습관이 아니다. 타인은 나와 다르다.[4]

주변에는 흔히 "내가 이해할 수 없으니깐 넌 지금 힘든 게 아니야"라며 타인의 고통을 폄하하거나 "나는 이렇게 사는 게 좋으니까 너도 이렇게 사는 게 좋을 게 뻔해"라고 속단하는 경우들이 있다. 이런 태도가 널리 용인되는 사회일수록 사회 구성원 모두가 행복해지기는 어려울 것이다.

타인의 힘든 상황을 자기중심적으로 쉽게 판단하는 것만큼 좋지 못한 것이 또 있다. 바로 편견의 잣대를 사용하는 것이다. 편견 역시 우리가 타인을 깊이 알고 이해하는 데 큰 방해가 된다.

우리는 만난 지 30초 안에 상대의 인상을 자동으로 형성한다. 표정, 얼굴, 옷, 말투, 제스처 등 많은 정보들을 순식간에 스캔하고 기존의 주관적 경험이나 배경지식을 통해 그 사람의 성격과 능력 등에 대해 판단하고 결론을 내린다.[5] 이것은 매우 효율적이고 편리한 시스템이긴 하다. 모든 정보를 가졌을 때에만 사람에 대한 인상을 형성할 수 있다면 아마 평생 가도 그 사람이 어떤 사람인지 판단하지 못할 것이다.

그런데 이러한 방식은 편리하긴 하지만 정확성을 보장하지는 않는다. 단 몇 초 만에 모은 아주 제한된 정보와, 한정되어 있고 상당히 편향되어 있는 내 기존 지식을 토대로 탐정놀이를 하는 것인데, 그것이 얼마나 정확하겠는가? 특히 내적인 특성들에 있어서는 더욱 그러할 것이다.

어떤 사람들은 "난 사람을 딱 보면 그가 어떤 인물인지 바로 파악할 수 있어"라면서 매우 자신만만해한다. 그러나 아무리 주관적 확신이 확고하더라도 그것이 그 판단의 정확성을 보장해주지는 않는다. 예컨대 성차별주의자나, 인종차별주의자들도 "내 생각엔 걔네 정말 열등한 거 같아"라는 식으로 자기 믿음에 강한 확신을 갖는다. 하지만 어쨌든 이러한 프로세스는 자동적인 것이기 때문에 고정관념과 편견을 완전히 벗어나는 일은 매우 어렵다.

편견을 막으려는 의식적인 노력

여러 연구에 따르면 성, 인종에 대한 주변의 이야기들과 사회적 통념 등을 통해 형성된 편견들은 그냥 그 사람을 마주하는 것만으로도 활성화된다고 한다.[6] 별다른 악의가 없고, "나는 안 그래, 나는 남들과 달라"라고 자부할지라도 말이다.

그래도 한 가지 희망적인 건 이렇게 고정관념이 나의 의지와 상관없이 자동으로 활성화되고 우리는 언제든 타인을 색안경을 쓴 채로 판단할 수 있다는 사실을 지각하면서 최대한 그러지 않으려고 노력하면 조금은 덜 실수하게 된다는 것이다.7 노력이 아무 소용도 없는 것은 아니다.

"내가 저런 애들 좀 아는데", "딱 보니까 이런저런 사람이네" 같은 생각이 들었을 때 다른 사람들이 나에 대해 자주 틀리는 것처럼 나 또한 상대에 대해 잘못된 판단을 내릴 수 있다고 지각하는 것이다. 그리고 이를 통해 고정관념 또는 편견을 수정하는 과정에 들어가면 비교적 자유로워질 수 있다.

그런데 이 과정은 의식적인 노력이 없으면 수행되지 않는다. 따라서 내가 나도 모르게, 별 생각 없이 툭 던진 고정관념과 편견이 누군가에겐 평생 짊어지고 가야 하는 상처가 될 수도 있다는 점을 항상 유념해보자. 편견에 빠지지 않으면 매 순간 노력을 기울여야 한다.

이러한 심리학 연구들을 접하고 난 뒤부터 나 또한 어떤 사람들에 대해 섣부른 판단을 내리다가도 이내 "아, 이건 내 편견이나 착각일 수 있겠구나" 하고 생각을 달리하는 일들이 늘어났다. 그래서인지 심리학 공부를 하면서 예전보다 "내가 사람을 좀 알지" 하고 자만했던 것들이 많이 없어졌다.

물론 인간의 보편적인 특성이나 기본 작동 원리들에 대해서는 조금씩 더 알아가고 있지만, 그렇다고 해서 특정 사람을 안다고 할 수는 없을 것 같다. 그나마 확실하게 이야기할 수 있는 건 어떤 사람과 함께 있을 때 즐거운지, 어떤 대화를 나누게 되는지, 사람들이 나에게 각각 어떤 의미를 갖는지 등등이다. 즉 어떤 사람에 대한 주관적인 지각에 대한 것들이다.

심리학을 공부하면서 사람에 대해 모른다고 이야기하는 것이 어찌 보면 황당해 보일 수도 있다. 하지만 사람이란 그렇게 간단하게 알 수 있는 존재가 아니기에 잘못된 말도 아닐 것이다.

모르면 용감하다

일반적으로 타인에 대한 우리의 지각에는 허점이 많다. 하지만 우리는 살면서 "내가 좀 해봐서 아는데"라는 말을 자주 사용한다. 우리는 어떤 것이든 조금만 비슷한 경험을 하고 나면 금방 그 사람의 상황과 일에 대해 아는 척하며 이런 저런 이야기를 쏟아낸다. 그렇게 자기 경험만이 옳다고 생각하게 되면서 점점 꼰대가 되어가는 것이다. 그런데 정말 뭘 좀 알고 얘기하는 걸까?

유명한 '더닝 크루거 효과Dunning-Kruger Effect'에 의하면 어떤 분야에 대해 잘 모를수록 자신감이 높은 현상이 나타난다고 한다.[8] 어떤 일을 조금만 해봐서 잘 모르는 경우 자신이 무엇을 얼마나 모르는지 잘 알 수 없기 때문이다.

그러다가 점점 전문성을 쌓을수록 자신의 부족함을 알게 되고 자기에게 쉬운 건 남들에게도 쉬울 거라는 생각을 하게 되면서 자신의 실력을 과대평가하는 현상이 비교적 줄어든다고 한다. 조금 해봐서 안다며 우쭐해하는 것은 사실 근거 없이 부풀려진 자신감일지도 모르겠다.

또한 설령 경험이 많고 아는 것도 많다고 해도 여전히 위험성은 존재한다. 지식은 풍부할지 모르나 그 일을 처음 대하는 '사람'에 대한 이해도가 떨어지기 때문이다. 보통은 경험 많은 사람들이 그 일을 처음 겪게 될 사람들을 잘 이해할 거라고 생각한다. 하지만 심리학자 엘리자베스 캠벨Elizaheth Campbell과 동료들의 연구에 의하면 반대의 현상이 관찰된다. 나쁜 경험이나 좋은 경험(반복적인 농담이나 소음 등)에 반복적으로 노출된 사람들은 이미 거기에 익숙해져버려서 그걸 처음 겪는 사람들이 느낄 충격을 과소평가하는 경향을 보였다.9

앞서 언급했지만 우리가 남을 이해하는 프로세스는 기본적으로 자기 경험을 기반으로 이루어진다. 하지만 경험이 너무 많으면 감각적으로 무뎌진다. 이미 무뎌진 자신의 경험에만 기초하여 남들은 다를 수도 있다는 사실을 고려하지 못하기 때문에 잘못된 판단을 하게 되는 것이다. 선생님은 이미 같은 문제를 수십 번 풀어봤기 때문에 문제가 쉽게 느껴지는 것인데, 아이들에게도 똑같이 쉬운 문제일 거라고 생각해버리는 것과 비슷하다.

이런 자기중심성에서 벗어나 타인을 비교적 잘 이해하느냐 마느냐를 가르는 것은 "잠깐, 근데 이 사람은 나랑 다를 수도 있잖아"라고 생각의 수정 작업을 거치는가의 여부다.

타인의 마음을 잘 이해하는 사람과 이해하지 못하는 사람, 아이와 어른의 차이가 바로 이 수정 작업에서 나타남을 보여주는 연구들이 있다.[10] 아이들은 내가 느낀 것이 곧 남이 느낀 것이라는 공식을 끝까지 고수하는 반면(네 살 이전의 아이들은 나의 느낌과 타인의 느낌이 다를 수 있다는 사실 자체를 이해하지 못한다), 어른들은 "잠깐, 그게 아닐 수도 있잖아"라고 다시 생각하는 경향을 보인다.

결국 타인을 이해하는 것의 핵심은 그가 나와 다를 수도 있다고 생각하는 데 있다. 즉 같은 사안에 대해서도 나와 상대의 생각, 느낌, 경험이 완전히 다를 수 있다는 사실을 인정하고 이를 계속 떠올리려고 노력하는 것이다.

그리고 자신의 수준을 잘 아는 것의 핵심은 내 생각보다 내가 많이 알지 못함을 아는 것이다. 이렇게 "내가 좀 해봐서 아는데"라는 생각은 엇나갈 가능성이 높다.

비현실적 기대를 버리자

다른 사람을 이해하는 데 중요하게 작용하는 것은 정확성보다 태도다. 실제로 "이 사람은 나와 다르다. 나는 그랬지만 이 사람은 안 그럴 수 있다"는 태도가 정확성을 높이는 데 매우 중요하게 작용한다. 또 인간관계에서 오는 많은 고통들이 서로 다를 수 있음을 인정하는 것만으로도 훨씬 가벼워질 수 있다.

사람에 대한 '현실적인 기대' 또한 이해의 중요한 발판이 된다. 심리학 연구들을 접하면서 얻게 된 좋은 점 중 하나는 사람에 대한 기대를 많이 내려놓게 되었다는 것이다. 내 입장에선 당연한 일이 남에게는 당연하지 않을 수 있다. 따라서 "당연히 OO해야 하는 거 아니야?" 같은 기대들을 접으면 실망할 일이나 놀랄 일이 자연스럽게 줄어들게 된다.

타인에 대해 지나치게 많은 기대를 하는 사람들의 경우 그렇지 않은 사람들에 비해 일반적으로 상대방을 누르고 우월감을 느끼려는 경향을 보이고, 높은 공격성, 낮은 이타심 등의 반사회적인 성향을 보이는 편이라고 한다.[11] 전반적으로 피곤한 삶이다.

개인적으로도 사람 전반에 대한 비현실적 기대를 내려놓았더니 나 자신이나 타인에 대해 이전보다 더 너그러워지고 쓸데없는 좌절과 실망, 분노를 덜 하게 되었다. "그 사람도 그냥 인간일 뿐인데"라고 생각하면서 말이다. 한 지인이 삶에서 좌절하지 않고 오래 버티는 법은 '사람에 대해 너그러워지는 것'이라고 말한 적이 있다. 이제 그게 뭔지 조금은 알 수 있게 된 것 같다.

02

절대로 절대적인 절대성

신념

믿음에 대한 이야기를 해보자. 우리들은 자신의 신념에 따라 움직이기도 한다. 신념이 강할수록 어떤 상황에도 실천에의 의지가 꺾이지 않는 게 가능해져서 그 신념을 실제 행동으로 옮길 확률이 높아진다.

하지만 이 역시 양날의 칼이 될 수 있다. 즉 주변의 의견을 전혀 듣지 않고 막무가내로 행동하게 될 확률 또한 높아지는 것이다. 그리고 그 신념의 내용이 극단적일수록 사람은 앞뒤 상황을 고려하지 않은 채 극단적인 행동을 하게 된다.

예를 들어 린다 스킷카Linda Skitka 및 학자들의 연구에 의하면 도덕적 신념이 강한 사람, 예컨대 "OO은 절대로 해서는 안 되는 행동이다", "OO은 절대적으로 옳다"와 같이 굳건한 가치관을 가지

고 있는 사람들은, 주변의 압력에 굴하지 않고 자신의 신념을 실현
시키기 위해 강한 추진력을 보인다.[1]

내가 100퍼센트 옳다고 느낄 때

이렇게 도덕적 신념이 강한 사람들은 강한 추진력을 가졌다. 그러
나 그뿐 아니라 그들은 태도가 다른 이에 대해 관용이 부족하며,
조직 내에서 얼마든지 발생 가능한 갈등을 용납하지 못하는 등 갈
등 해결에 미숙한 모습도 보인다. 또 수단과 방법을 가리지 않기
때문에 법을 무시하거나 과격한 행동을 하기도 한다. 연구자들은
이에 대한 예로 '테러'를 들었다.

어떤 무지막지한 행위가 실은 엄청나게 강한 도덕적 신념, 정
의를 외치는 마음에서 시작될 수 있다는 것은 인간사의 불행이라
면 불행인 듯하다. 따라서 우리는 내가 100퍼센트 옳다고 확신하
는 때조차 사실은 틀린 것일 수 있음을 생각할 줄 알아야 한다. 내
가 확신하는 정도, 이게 정말 맞는다고 느끼는 정도와 실제 그것이
맞는가의 여부는 때로 전혀 상관이 없으니까 말이다.

어떤 것에 대해 100퍼센트 옳다고 느낀다면 잘못된 판단으로
가는 지름길을 걷고 있는 것일지도 모르겠다. 우리 삶에서 100퍼
센트라는 것은 없다. 하지만 그런 느낌을 받는 것은 삶에 여실히

존재하고 있는 각종 불확실성을 부정하고 싶은 마음이 그만큼 크거나, 자신을 따르면 그런 불확실성을 없애주겠다고 유혹하는 각종 사이비에 이미 빠졌기 때문일지도 모른다. 자신이 절대적으로 옳다고 느낄 때가 자신을 제일 경계해야 할 때다.

잘못된 믿음 앞에서

자신이 절대적으로 옳다고(사실은 그렇지 않은데) 믿는 사람들 앞에서는 어떻게 해야 할까? 특히 객관적인 사실과 동떨어져 미신이나 각종 사이비에 깊이 빠져 있는 등 잘못된 정보를 토대로 강한 신념을 형성하고 있는 경우에는 무척 난감하다. 하지만 이미 그것을 강하게 믿고 있는 사람의 눈에는 오히려 믿지 않는 사람들이 답답하게 보일 뿐이다. 이럴 때는 어떻게 대처하면 좋을까?

우리는 잘못된 신념을 가진 사람들을 만나면 그 사람의 논리를 조목조목 반박하며 논쟁에 돌입하고 싶은 욕구를 느낀다. 하지만 반박하는 것은 그 신념을 버리게 하기는커녕 강화하는 경우가 많다.

왜냐하면 자존감 싸움이 되어버리기 때문이다.2 특히 타인의 이목이 있는 공적 장소(인터넷 포함)에서 반박을 당할 때는 더욱 그렇다. 대부분의 논쟁 상황은 단순히 논리의 문제가 아니라 자신이 얼마나 잘난 사람인지, 즉 자신이라는 사람의 값어치가 관련된 문제가 된다. 그런데 우리 인간은 기본적으로 자신이 가치 있게 여겨진다는 느낌, 소위 자존감을 사수하기 위해 모든 걸 바치는 동물이다. 따라서 반박당할수록 어떻게든 자신의 의견이 '옳아 보이려고' 맞든 안 맞든 자기 입장을 뒷받침할 증거들을 끌어 모으게 된다. 그 과정에서 영혼까지 끌어 모은 증거들과 지지자들을 바라보며 기존의 신념을 더 강화하기도 하고, 그것을 버릴 수 없는 입장이 되기도 하는 것이다.

무언가를 지키기 위해 자신을 새하얗게 불태웠는데 그걸 바로 버릴 수 있겠는가? 사이비 종교 집단에 들어가서 집과 재산을 다 날릴수록 믿음이 더 강해지는 것과도 비슷한 과정이라고 볼 수 있다. "이걸 위해 내가 이렇게까지 했는데 이걸 부인해버리면 나는 더 이상 버틸 수 없어."

그리고 많은 음모론에는 학자들의 반박이 이미 시나리오에 포함되어 있기 때문에 반박이 나오면 기다렸다는 듯이 "역시 그럴 줄 알았어"라는 반응을 보이기도 한다.3 전문가들의 반박이 오히려 음모론을 더욱 굳건히 세우는 역할을 하는 것이다. 반박당하면 당할수록 '악과 맞서서 진실을 지키기 위해 싸우는 외로운 독립투사'라는 정체성이 형성되는 것 같기도 하다.

마지막으로 보통 한 음모론을 믿는 사람들은 여러 개를 동시에 믿기 때문에(예를 들어, 세계를 조종하는 어둠의 세력을 믿는 사람들은 백신에 대한 음모론도 믿는다) 여러 믿음이 동시에 흔들리지 않는 한 계속 믿을 가능성이 높다고 한다.[4] 그렇기 때문에 하나하나 틀린 점을 지목하는 반박의 힘은 제한적이라고 할 수 있다.

결론적으로, 잘못된 믿음에 가장 잘 대응하는 방법은 다음과 같다.[5]

- 첫째, 반박하지 말 것. 즉 틀린 이유를 이야기하지 말 것.
- 둘째, 옳은 게 옳은 이유만을 간단명료하게 전달할 것.

첫째 방법을 사용하여 이야기할 때는 상대방의 자존감이 다치지 않도록 조심스럽게 이야기하는 것이 중요하다. "당신은 어리석군요. 그것은 틀렸어요"라고 하는 게 아니라 최대한 객관적으로 사실을 말하는 것이다. 상대에 대한 평가하지는 않은 채로 말이다.

이때 친근하게 전달할 수 있다면 더 좋다. 사람들은 일반적으로 까칠한 전문가의 말 보다는 착한 일반인의 말을 더 잘 신뢰한다. 일례로 아이들도 아무리 전문가라고 해도 까칠하게 "이것은 새다"라고 말하면 믿지 않고, 동네 아저씨가 친절하게 "이렇게 생긴 걸 새라고 하는 거야"라고 알려주면 그대로 믿는다고 한다.[6]

03

정말로 도와주고 싶다면
선의와 오지랖

이제 흔히 마주하지만 생각보다 어려운 '도움을 주고받는 일'에 대해 이야기해보자. 의외로 많은 사람들이 이걸 잘 못해서 도움을 줘놓고도 관계가 어색해지는 일이 많이 발생한다고 한다.[1]

앞서 살펴 본 "내가 좀 해봐서 아는데" 유의 자기자랑이 아니더라도 자신과 가까운 사람이 어려움을 겪고 있는 경우, 우리는 의무감에서 또는 마음이 움직여서 도와줘야겠다는 생각을 하게 된다. 그러고는 나름대로 이렇게 저렇게 해보라는 다양한 조언들을 늘어놓는다. 그런데 연구들에 의하면 일반적으로 '요청 받지 않은 조언unsolicited help'은 좋은 효과를 내지 못한다. 오히려 관계에 해를 끼친다.

일반적으로 조언은 상대방이 그 일을 충분히 해낼 능력이 없으며, 조언을 하는 쪽이 더 우월하다는 의미를 내포한다. 따라서 심리학자 닐얼 볼저Niall Bolger 등의 연구에 의하면 직접적인 조언은 도움을 받는 사람의 자존감을 떨어뜨리고 자율성을 침해할 수 있다고 한다.[2]

정말로 내 도움이 필요할까?

이제 막 공부를 하려고 했는데 부모님이 딱 들어와서 "공부 좀 해라!"라고 하면 엄청나게 화가 나고 다 때려치우고 싶은 게 우리 인간이다. 나의 경우에도 간만에 방 청소를 하려고 청소 도구를 잡았는데 마침 방 밖에서 "청소 좀 해라"라는 소리를 들으면 갑자기 반발심이 생긴다. "가만히 둬도 알아서 하는데 웬 잔소리? 10년간 이대로 살아주겠다!"라는 식의 자기파괴적 마음이 들기도 하고 말이다. 이렇게 자율성을 침해받는 것은 근본적으로 매우 화나는 일이다.

따라서 누군가에게 도움을 주고 싶은 경우 그가 나의 도움을 정말로 필요로 하는지, 혹시 나의 잘남을 자랑하고 싶어서 조언을 하는 것은 아닌지 먼저 살펴보는 것이 중요하다. 사람들은 성격이나 능력이 서로 다르기 때문에 나에게 유용했던 방법이 타인에게는 전혀 아닐 수 있다. 예컨대 물고기가 사자에게 사냥법을 가르친다면 우스운 일이 아니겠는가? 또한 "내가 좀 해봐서 아는데"
의 예처럼 그저 나를 자랑하고 싶을 뿐이라면 상대에게 별로 도움
이 되지 않는다. 기분만 망치고 관계까지 해할 수 있는 최악의 사
건이 될 것이다.

　내가 아무리 그 방면에 경험이 많다고 해도 초심자에 대한 이
해는 떨어지기 때문에 그에게 큰 도움이 되지 못할 수 있음을 유념
하자. 상대가 정말 나 또는 누군가의 도움이 필요한 상황이라면 상
대의 자율성을 침해하지 않는 범위 내에서 조심스럽게 의사를 물
어보는 것이 좋다. 정리하면 다음과 같다.

- 나의 도움을 정말로 필요로 하는지 생각해보기. "단지 내가
  잘난 척하고 싶은 건 아닐까?"
- 상대의 자율성을 침해하지 않으면서 도움이 필요한지 묻기.
  "혹시 내가 도울 일이 있을까?"

원하는 만큼만 도와주기

다음으로 생각해볼 것은 도움을 주는 '정도'다. 도움을 지나치게
많이 주는 경우에도 도움을 받는 이의 자율성과 자존감을 훼손할
수 있다. 일례로 〈월스트리트 저널〉에 실린 한 기사에 의하면 부

모가 아이를 적절히 지도하는 것 이상으로 숙제를 거의 다 해주는 경우, 겉으로 드러나는 성적은 좋아져도 아이의 자존감은 상승하지 않고 자신이 꼭두각시에 불과하다거나 가짜라고 느낄 수 있다고 한다.[3]

또한 너무 대놓고 많은 도움을 주는 것은 도움을 받는 사람에게 빚을 지는 듯한 느낌을 유발하기도 한다. 이러한 경향은 서양인들에 비해 동양인들에게서 더 심하게 나타난다. 따라서 동양인들은 도움을 받는 것을 비교적 더 많이 꺼리며, 상대가 종용해서 도움을 받았을 경우 부담감을 심하게 느껴서 오히려 관계가 악화되기도 한다.[4]

도움을 준 사람은 "내가 너에게 도움을 그렇게 많이 줬는데, 어떻게 이럴 수 있어!"라며 억울하고 서운한 감정을 느끼고, 도움을 받은 사람은 "도와달라고 한 적도 없는데 왜 이렇게 나서는 거야?"라며 부담감과 자존감 저하를 느끼는 것이다.

따라서 도움을 주게 될 경우 '상대가 원하는 만큼만' 도움을 주는 것이 좋다. 사사건건 개입하기보다 구체적으로 뭘 어디까지 도와주면 좋겠냐고 물어보자. 또한 가급적 너무 자신의 공을 내세우지 않는 게 좋다.

"내가 이렇게 너를 열심히 돕고 있다"고 생색내는 것보다 어디까지나 내가 좋아서 하는 일이라거나 나에게도 필요한 일이라고 하면 더 좋을 것 같다. 도움을 줄 때 느끼는 행복감이 매우 크고, 타인에게 도움을 많이 주는 사람들이 처음의 건강 상태와 상관없이 더 오래 사는 등 다른 좋은 점들이 많으니까 말이다.5

조언보다 위로를

상대가 필요한 도움이 어떤 종류의 것인지 잘 아는 것도 중요하다. 문제 해결에 필요한 정보를 주는 '도구적 도움instrumental support'이 필요할 때도 있지만 사실 많은 경우 '정서적 도움emotional support'이면 충분하다.

예컨대 어려운 수학 문제를 풀다가 "어떻게 푸는지 좀 알려줘"라고 도움을 요청하는 경우라면 직접적인 도움을 주는 것이 적절할 것이다. 하지만 일반적으로 사람들이 학교나 일, 인간관계 등에 대한 푸념을 늘어놓는 것은 그것들을 해결할 구체적인 방법을 알려달라는 것이라기보다 '위로'해달라는 경우가 많다. 위로를 바랐을 뿐인데 이런저런 문제를 지적하며 조언을 하면 상대방은 별로 도움을 받았다고 느끼지 않는다.6

또 한 가지 흥미로운 사실로, 심리학자 크리스타 트롭스트Krista Trobst의 연구에 의하면 문제 해결에 대한 직접적인 정보를 담은 도구적 도움을 받은 사람들보다 정서적 도움을 받은 사람들이 더 "많은 정보와 도움을 얻었다"고 느끼는 경향을 보였다고 한다.7

"그런 상황에서는 나도 정말 힘들었을 것 같아. 힘내"라는 등의 공감과 진심 어린 위로 하나면 충분하다는 것이다.

상대에게 많은 도움을 줘놓고도 지나치게 생색을 내거나, 도와달라고 하지도 않았는데 멋대로, 너무 많이 참견함으로써 결과적으로 '오지랖'을 부린 게 되어버리는 경우들이 안타깝다. 선의가 오지랖이 되지 않도록 도움을 줄 때도 현명하게 판단해보자.

어떻게 위로할까?

직접적인 도움을 주는 것보다 '정서적인 위로'가 더 큰 도움이 될 수 있다는 얘기를 했다. 그렇다면 진정으로 위로하는 방법은 무엇일까? 입에 발린 말만 하면 되는 것 같기도 한데, 이 위로라는 게 생각보다 쉽지 않다. 좌절에 빠져 스스로에 대한 믿음이 꺾인 사람들은 자신에 대한 긍정적인 이야기들을 곧이곧대로 믿지 않기 때문이다.

일에서 큰 실수를 하거나 관계에서 큰 갈등을 빚는 등 실패를 겪고 난 후 "나는 도대체 왜 이 모양일까?", "난 정말 무능한 것 같아" 등 자기비하나 상심에 빠져 있는 사람들을 심심치 않게 찾아볼 수 있다. 가족이나 친구가 이럴 때 우리는 어떻게 위로하면 좋을지 생각하게 되는데, 가장 흔하게 볼 수 있는 위로법은 다음과 같다.

- "아니야 그렇지 않아. 넌 멋져"라고 말하며 그 사람의 부정적인 자기지각을 반박하기.
- "그거 알고 보면 별일 아니야"라고 말하며 사태의 심각성을 평가절하하기.
- "이것도 다 경험이 될 거야"라고 말하며 사건에 긍정적인 의미를 부여하기.

이렇게 전반적으로 긍정적인 재해석을 제공하는 것들이다. 이런 현상에 비추어 어떤 사람들은 자기비하가 심한 사람들의 목적은 결국 답정너(답은 정해져 있고 너는 말하기만 하면 돼)처럼 칭찬과 위로를 받고 으쓱해지려는 게 아니냐고 비아냥거리기도 한다.

물론 이런 경우도 있을 수 있다. 하지만 소위 답정너처럼 자기비하를 그냥 습관적으로 또는 칭찬을 노골적으로 기대하고 하는 경우와 달리 정말 심하게 낙담하고 자기 자신이 싫은 사람들에게도 이런 긍정적인 내용의 응원이 도움될까? 그리고 상심한 사람들이 원하는 것은 소위 '듣기 좋은 이야기'일까?

워털루대학교의 연구자 데니스 마리골드Denise Marigold와 동료들은 이 질문에 답하기 위한 연구를 했다. 총 여섯 개의 연구를 통해 연구자들은 기운을 북돋우려는 긍정적인 응원은 자존감이 높은 사람들에게는 효과적인 편이나, 자존감이 낮은 사람들에게는 별로 효과적이지 않고 오히려 역효과를 낼 수 있다는 사실을 확

공감과 진심 어린 위로 하나면 충분하다.

인했다.[8]

　연구자들은 참가자들로 하여금 가상의 상황 또는 실제 상황에서 실패한 경험을 친구에게 이야기하고 위로받도록 했다. 그 결과 자존감이 낮은 사람들은 "아니야, 넌 멋져. 괜찮을 거야"라는 긍정적인 응원을 받았을 때보다 "그래. 지금 많이 힘들구나. 나 같아도 너처럼 느낄 것 같아"라며 자신의 상태를 있는 그대로 알아차려주고 어려운 상황임을 인정해주는 말에 더 마음을 열었다.

　자존감이 낮은 사람들은 애써 긍정적인 이야기를 해주는 친구를 보며, 친구가 자신을 잘 이해하지 못하고 있다는 괴리감을 느끼고 친구와의 관계가 불편하다고 여기는 경향을 보이기도 했다. 이들을 위로하는 친구 역시 긍정적인 응원을 했을 때 자신의 응원이 효과적이지 않음을 느끼고 좌절하는 모습을 보였고 심지어 자존감이 떨어지기도 했다.

　또 많은 연구들에 의하면 사람들은 일반적으로 내가 보는 나를 인정해주고 내 자기지각과 일치하는 시선으로 나를 바라봐주는 사람들을 선호하는 경향을 보인다. 그 내용이 긍정적이든 부정적이든, 장점뿐 아니라 단점에서도 말이다. 따라서 자존감이 무너진 사람들이 듣고 싶어 하는 말은 막연한 긍정과 칭찬보다, 지금 네가 처한 상황은 충분히 힘든 것이며 네가 느끼는 감정들은 무척 자연스러운 것이라고 이해해주는 것이다.

　학자들은 위로가 효과를 발휘하는 데 있어 그 내용이 얼마나 긍정적인가 여부보다 더 중요한 것은, 청자가 자신이 처한 상황이나 평소 가지고 있던 자기지각에 비추어 '공감'할 수 있는가의 여부라고 보고 있다. 내가 아닌 상대가 공감하는 위로를 해야 한다는 것이다.

칭찬의 경우도 청자가 공감할 수 없을 정도로 과한 경우 다양한 괴리감을 불러일으킨다. 예컨대 자존감이 낮은 아이들의 경우 교사나 부모가 지나치게 칭찬하면 그 내용을 받아들여 기뻐하기보다는, "내가 관심학생인가 봐"라고 생각하는 등 오히려 자신이 문제 있는 학생임을 강하게 확인받아 더 의기소침해지기도 한다는 보고가 있다.

흔히들 위로라고 하면 무조건 긍정적이고 고무적인 게 최고라고 생각한다. 하지만 꼭 그렇지만은 않음을 우리는 여러 연구들을 통해 확인했다. 무엇보다 상대방이 공감할 수 있고 실제로 믿을 수 있는 대화가 중요하다는 점을 기억해보자.

04

착한 일은 항상 좋은 걸까?

선행과 칭찬

우리는 타인의 노력뿐 아니라 타인의 '선행' 또한 쉽게 깎아 내린다. 연예인이나 유명인사가 기부를 했다는 기사에는 보통 호의적인 댓글들이 달릴 것 같다. 하지만 심심치 않게 "착한 척 한다"거나 "위선이다" 또는 "그것밖에 못 하냐" 같은 악플들이 달리기도 한다. 몇 년 전 유행했던 '아이스버킷 챌린지'에도 역시나 뜻이 변질되었다거나 순수하지 않다는 비난이 쏟아졌었다.

의도가 100퍼센트 선의이든 아니든 간에 행동 자체는 분명 선한 행동에 가까운 것 같은데, 왜 선한 일을 하고도 욕을 먹는 현상들이 나타나는 걸까? 이럴 거면 아예 아무것도 안 하고 욕도 안 먹는 게 더 남는 장사이지 않은가?

어렸을 때 분명 선한 행동은 보답을 받고 악행은 벌을 받는다고 배웠는데 기부에 대한 사람들의 반응을 보면 꼭 그런 것 같지만은 않다. 이렇게 삶의 여러 사건에 대한 우리의 반응은 사람들에게 '선행을 권하는' 방향으로만 작용하는 건 아니다. 왜 그럴까?

아무것도 하지 않는 게 나을 때

다음의 상황을 상상해보자. A라는 남자가 있다. A는 좋아하는 여성이 있는데 이 여성의 마음을 얻기 위해 여성을 따라 봉사활동에 참가했다. 이 남성은 얼마나 도덕적인가? 한편 똑같은 상황에 처한 남성 B가 있다. B는 여자의 호감을 얻기 위해 이 여성이 일하는 커피숍에서 일을 도왔다. B는 얼마나 도덕적인가?

예일대학교의 연구자 조지 뉴먼George Newman 등의 연구에서, 실제로 사람들에게 이런 질문을 했더니(사람들은 A에 대한 이야기만 듣거나 B에 대한 이야기만 듣는다) A가 B보다 도덕성에서 낮은 점수를 받는 경향이 나타났다. 둘 다 '좋아하는 여성에게서 호감을 얻는다'는 개인적 목적을 가지고 있었다. 그리고 A는 이 의도를 봉사라는 좋은 일을 통해 실현했고(호감 얻기 + 선행) B는 그냥 일반적인 일을 통해 실현했다(호감 얻기 + 평범한 일). 분명 결과적으로 A가 좋은 일을 한 셈이 되었는데 선행을 하지 않은 B에 비해 '비도덕적'이라는 평가를 받게 된 것이다. 좀 아이러니하지 않은가?

그 밖에도 "어떤 회사가 수익금의 반을 자선단체에 기부하기로 했다"는 정보와 "어떤 회사가 수익금의 반을 자선단체에 기부하고 반은 자신들이 갖기로 했다"는 사실상 동일한 정보를 사람들에게 주고 도덕성을 평가해보게 하면, 같은 일에 대해서도 평가가 갈리는 현상이 나타난다. 전자는 훌륭하지만 후자는 옳지 않다고 반응한다. 왜 그럴까?

실험을 진행한 조지 뉴먼은, 사람들은 선한 행위가 성립하려면 사적인 이득이 전혀 개입하지 않아야 한다는 다소 비현실적인 강박관념을 가지고 있다고 설명한다.[1] 1퍼센트라도 때가 묻으면 나머지 99퍼센트가 선하더라도 그것은 선하지 않은, 심지어 나쁜 행동이라고 인식된다는 것이다.

이렇게 착한 일에 대한 기준이 유독 빡빡하기 때문에 때로 착한 일을 하고도 욕을 먹으며, 아예 아무것도 하지 않는 게 득이 되는 현상이 나타난다. 또한 이렇게 선함에 대한 판단이 "얼마나 플러스 요인이 많은가"가 아니라 "과연 완전무결한가?"라는 기준으로 이루어지다 보니, 사람들은 선한 행동을 하는 사람의 장점보다 부족한 점에 주목하게 된다. "언제 탈락하는지 보자" 하면서 말이다. 결과적으로 선한 일을 하는 것도 자기검열과 눈치 보기가 필요한 일이 된다.

사람들로 하여금 이런 엄중한 잣대를 내려놓게 하는 방법이 없는 것은 아니다. 그 방법 중 하나는 사람들에게 그들이 비난하는 사적 의도(이득을 바란다거나 관심을 바란다거나)가 실은 '선하지 않은 방향으로도' 얼마든지 실현될 수 있다는 점을 인식시키는 것이다.

예컨대 다른 사람들의 관심을 끌기 위해 이런저런 유치한 일을 할 수도 있었고, 자선행사를 여는 돈으로 광고를 몇 개 더 찍을 수도 있었다는 점, 또 그 행사에 모인 관심과 기부금을 하룻밤 유흥비로 쓸 수도 있었다는 점을 인식시키면, 그제야 의도가 뭐였든 그래도 선한 행동이었고 없는 것보다 낫다고 평가하는 경향이 나타난다.[2]

물론 어떤 사람이 과연 선한가에 대한 판단은 궁극적으로는 그 사람을 신뢰할 수 있는가에 대한 판단과도 이어져 있는 만큼 보수적일 필요가 있을 것이다. 하지만 행위의 선함에 대한 판단은 조금 현실적인 기준을 갖춰도 되지 않을까 싶다. 선한 행동은 귀하다. 조금이라도 더 자주 일어나는 게 세상에 도움이 된다.

완벽하게 선하지 않다며 쉽게 비난해온 선행이 실은 전혀 일어나지 않을 수도 있었다는 점, 또 숨겨진 의도라고 의심되는 것들 또한 전혀 다른 방법으로 실현될 수도 있었다는 점을 한번 생각해보자. 모두 눈치 보거나 변명할 필요 없이 당당하게 좋은 일들을 할 수 있게 되면 좋겠다.

존재를 높이는 칭찬

언젠가 친구로부터 "넌 왜 나를 칭찬하지 않아?"라는 질문을 들은 적이 있었다. 많은 생각을 하게 한 질문이었다. "난 왜 남을 칭찬하지 않을까?"

칭찬의 효과는 이미 잘 알려져 있다. 예컨대 조단 리트너Jordan Leitner 와 동료들의 연구에 따르면 "여자는 수학을 못해" 같은 편견에 시달리고 있거나 상처가 많은 사람들일수록 칭찬이 수행 향상에 더 큰 도움이 된다고 한다.[3] 그 밖에도 상사로부터 받은 따스한 격려 한 마디에 직원들의 실적이 유의미하게 향상되었다는 등의 연구들이 있다. 이런 연구들을 보면 칭찬은 고래를 춤추게 한다는 말이 절로 나온다.

이렇게 칭찬의 효과는 잘 알려져 있지만, 아는 것과 실천하는 것은 역시나 별개인가 보다. 이 참에 칭찬은 어떻게 하는 게 좋은지, 타인에게 칭찬을 하면 우리 자신에게 어떤 좋은 점이 있는지 알아보자.

심리학자 캐롤 드웩Carol Dweck에 의하면 일반적으로 "넌 머리가 좋구나"같이 타고난 재능을 칭찬하기보다 "노력을 참 많이 했구나" 같이 행동과 성취 과정을 칭찬하는 편이 좋다고 한다. 그녀의 연구에 의하면 타고난 재능에 대한 칭찬을 많이 받은 아이들은 실패 시 비교적 더 힘들어하고 실패하지 않기 위해 속임수까지 쓰는 경향을 보였다.[4] 타고난 재능을 칭찬받은 아이들에게는 실패가 자신이라는 존재 자체의 부족을 의미하기 때문이다.

또한 우리는 비난은 꽤 구체적으로 하면서도 칭찬은 '잘했다' 정도로 두루뭉술하게 하는 경향이 있다. 앞서 효과적인 위로는 상대방이 믿을 수 있는 위로라는 점을 고려하면, 칭찬이 두루뭉술한 경우 사람들은 칭찬을 잘 믿지 못한다. 그리고 최악의 경우 자신은 실제 잘 못하고 있는데 그저 달래주려고 하는 것이라고 받아들여서 자존감에 좋지 않은 영향을 미칠 가능성도 있다. 따라서 칭찬은 가급적 '구체적'으로 하는 것이 좋다.

타인의 장점을 구체적으로 봐 버릇하면 거꾸로 '자신'의 장점도 좀 더 잘 보이게 되지 않을까? 언뜻 봐서는 별로 장점 같지 않은 타인의 특성들이 상황에 따라 장점으로 보이기 시작했을 때, 자신에게도 어딘가 그런 잠재력이 숨어 있을 거라고 생각하게 되지 않을까?

앞에서도 잠깐 언급했지만 타인에게 평소 칭찬, 격려 등을 '해 버릇'하지 않으면, 칭찬이나 응원 같은 걸 받았을 때 "쟤가 나한테 왜 저러는 거지", "그냥 하는 말이겠지"라고 받아들여 잘 믿지 못하게 된다. 응원의 효과를 비교적 잘 누리지 못하는 것이다.[5] 누군가를 진심으로 칭찬하고 응원해본 경험이 없으면, 그걸 받는 것도 잘 못한다. 결국 내가 칭찬을 진심으로 받아들일 수 있게 되려면, 우선 칭찬하는 사람이 되어야 한다.

참고로, 칭찬을 받았을 때 "아니야, 난 그렇지 않아"라고 반응하는 것보다, 가능하면 "그래, 고마워"라고 하는 게 칭찬하는 사람과 받는 사람 모두에게 좋은 영향을 끼칠 수 있음을 시사하는 연구가 있다.6 칭찬을 너무 심하게 부정하면 칭찬하는 이의 자존감이 떨어질지도 모른다.

우리 인간의 마음이란 원래 '쿠크다스'처럼 부서지기 쉽다. 따라서 서로 깎아 내리지 말고 서로서로 테이프를 붙여주며 살면 좋을 것 같다. 또 세상사람 누군가가 자신의 장점을 봐주고 좋게 이야기해준다는 건 참 고마운 일이고, 또한 나 자신이 다른 사람의 장점을 봐주는 사람이 되는 것도 꽤 멋진 일일 것이다.

05

그 사람 믿어도 될까?

신뢰

누군가를 믿을 것인가, 믿지 말 것인가에 대한 판단은 상당히 중요하다. 믿지 말아야 할 사람을 믿었다가 마음에 상처를 받거나 물리적, 경제적 피해를 입는 등 인간이 또 다른 인간 때문에 받는 피해가 어마어마하기 때문이다. 여기서부터는 믿음이란 어떻게 형성되는 건지, 그 과정에서 유의해야 할 것들이 무엇인지 살펴보자.

일단 믿고 보는 우리

누군가를 믿을 것인가에 대한 판단, 즉 대인 신뢰interpersonal trust에 대한 판단은 엄청 중요하기 때문에 꽤 정교하게 이루어질 것만 같

다. 예컨대 믿지도 안 믿지도 않는 중립 상태에서 신뢰와 관련된 각
종 단서들(인성, 능력 등)을 오밀조밀 수집한 뒤 믿을지 말지 최종적
으로 결정하는 것이다. 하지만 연구에 의하면 그렇지 않다고 한다.[1]

단서를 모은 후 결정을 내릴 거라는 예상과 달리, 실상은 일단
결론부터 내리고 그다음에 단서들을 모으는 식의 뒤죽박죽한 순
서로 이루어진다. "괜찮은 사람이겠지, 뭐"라며 살짝 편향된 채 일
단 믿고 본 후, 혹시 이상한 사람이 아닌지 간간히 의심하는 정도
다. 많은 사람들이 개인들에 대해 부정적이기보다 살짝 '긍정적으
로 치우친 편견positivity bias'을 가지고 있다.

비슷한 믿음으로는 "세상에는 나쁜 사람보다 좋은 사람이 더
많다", "나에게 함부로 대하는 사람보다 잘해주는 사람이 더 많다"
등등이 있다.

물론 실제로 그럴 수 있지만 사실 사람을 덥석 믿어버리는 데
에는 위험부담이 따르고, 세상에 정말 나쁜 사람보다 좋은 사람이
더 많을지, 또 앞으로 만날 사람들이 나에게 과연 잘해줄지는 정확
히 알기 어렵다. 따라서 이런 믿음이 아무렇지도 않게 많은 사람들
에게서 강하게 유지된다는 게 재미있기도 하다.

하지만 다양한 위험부담에도 불구하고 이런 허술한 프로세스
는 짧은 인생에서 가급적 다양한 관계를 맺기에 꽤 용이하다. 타인
에 대해 완전히 중립적인 입장을 취하기보다 살짝 긍정적으로 열
린 마음을 가지는 게 낯선 사람에게 함부로 접근하고 감히 친해지

려는 시도를 하는 데에 도움이 되기 때문이다.

심리학자 수잔 피스케Susan Fiske는 결국 사회적 동물인 인간에게 있어서는 간간히 (상당히 큰) 상처와 손해를 입을지라도 외톨이가 되는 것보다는 사람들을 믿고 다가가는 게 이익이라고 말한다.[2] 인간에 대해 너무 현실적으로 지각하기보다 살짝 긍정적으로 편향되어 지각해야 인간관계/사회생활을 유지할 수 있는 걸까?

이렇게 인간을 살짝 긍정적으로 바라보는 현상은 소속 집단보다 그 집단의 개인들을 더 긍정적으로 바라보는 경향에서도 찾아볼 수 있다고 한다. 예컨대 일반적으로 정치인 집단에 대해 평가하는 것보다 정치인 개인에 대해 평가할 때 "그래도 알고 보면 사람은 참 괜찮아"라고 하는 것처럼 말이다. 결국 개개인 인상의 산술적 평균이 그 집단의 인상과 일치하지 않는 현상이 나타난다.[3]

인간관계는 이렇게 정리된다

대인 신뢰 프로세스가 재미있는 건 이렇게 일단 믿고 보자는 태도를 가진 다음, 계속해서 지켜보는 태도를 유지한다는 사실 때문이다. 즉 처음에는 살짝 열린 마음으로 관계를 시작하다가 관계가 진행될수록 '부정적인 정보'의 힘이 커진다.

그러다 보니 관계 초기를 지나 "지켜보고 있다" 모드가 되었을 때 처음의 좋은 사람일 거란 편견을 저버리고 안 좋은 사람인 것 같다는 증거가 드러나면 가차 없이 '10이 좋았어도 1이 나쁘기 때문에 나쁜 인간'이라고 판단하게 되는 현상이 나타난다.4

정리해보면 신뢰의 프로세스는 처음에는 대략 좋은 사람인 것 같다면서 쉽게 받아들이다가, 점점 관찰하면서 생각보다 좋은 사람이 아닌 것 같다고 판단하면 하나둘씩 솎아내는 식이라고 할 수 있다.

따라서 관계는 초기에 잘 형성하느냐 보다 '정리 과정'을 현명하게 하는 게 더 중요하다고 볼 수도 있다. 그리고 이때 부정적인 정보의 힘이 강해지긴 하지만 지나치게 부정적인 면만을 보고 판단하는 건 좀 피해보는 것도 좋을 것 같다. 나쁜 점 말고 좋은 점들도 다시금 상기해보고 말이다. 물론 부정적인 면이 압도적으로 많은 관계라면 일찌감치 접는 게 나을 수도 있다. 하지만 그렇지 않다면 부족함이 많은 사람인 내가 다른 사람들에게 받아들여지기를 원하듯 나 또한 상대방의 부족함에 조금은 너그러워지는 게 좋을 것이다.

한 가지 덧붙이자면, 물론 일반적으로는 인간을 긍정적으로 바라보는 편견이 존재한다고 하지만 모든 사람들이 그렇진 않고, 이 정도에도 개인차가 존재한다. 일례로 '불확실성을 잘 견디지 못하는 사람들' 또는 리스크에 민감한 사람들은 그렇지 않은 사람들에 비해 낯선 사람들을 잘 믿지 못하는 반면 몇몇 가까운 사람들은 지

내가 다른 사람들에게
받아들여지기를 원하듯
나 또한 상대방의 부족함에
조금은 너그러워지는 게
좋을 것이다.

나치게 편애하는 경향이 나타난다고 한다.5 아무래도 불확실성이 싫어 죽겠는데 '낯선 인간'이라는 어마어마한 불확실성이 눈앞에 나타나면 불편할 수밖에 없을 것이다.

물론 불확실성과 리스크를 줄이려고 노력하는 것에도 많은 장점이 있을 것이다. 그런데 행복 관련 연구들을 보면 결국 많은 이들에게 있어 행복은 '좋은 관계'에서 오는 것이기 때문에 사람에 대해 너그럽고 열린 마음을 갖는 게 장기적으로는 더 좋지 않을까 싶다.

관련해서 사람이나 세상에 대해 시니컬한 사람들이 그렇지 않은 사람들에 비해 10년 후 소득이 떨어진다는 연구가 있다.6 그들은 관계를 맺고 유지하는 데 어려움을 겪고 회사일 등에서 중요한 협력 또한 어려워하기 때문이다. 관계에 있어 비판적이고 시니컬한 것이 관계뿐 아니라 객관적인 소득까지 저하시킬 수 있다고 하니 생각보다 현명한 태도는 아닌 것 같다.

인간에 대한 역겨움

어떤 사람을 믿을 수 있느냐 없느냐에 대한 판단은 우리의 생존과 안전에 직결되기 때문에 상했거나 더러운 무엇을 판단하는 것만큼 보수적으로 진행되는 경향이 있다. 심리학자 수잔 피스케와 동료들의 연구에 의하면, 한번 믿을 수 없는 사람이라고 생각하게 되면 그 생각은 잘 바뀌지 않고 오래간다. 그리고 아무리 많은 선행과 믿을 만한 일을 했어도 한순간 악행을 하거나 신뢰를 저버리는 일을 하면 믿을 수 없는 사람이 된다.[7]

실제로 어떤 사람이 신뢰/도덕성에 있어 상당한 하자가 있다고 판단되면 사람들은 그에 대해 상한 음식이나 똥 같은 걸 마주할 때와 비슷한 '역겨움'의 감정을 느끼는 현상이 나타난다(참고로 역겨움은 각종 더러운 것으로부터 감염될 위협을 줄여주는 강력한 보호장치라고도 여겨진다).[8] 비도덕적인 인간은 병균과 마찬가지라는 걸까? 믿을 수 없는 인간이란 상한 음식, 똥같이 감염의 위험이 있는 것들과 마찬가지로 우리의 삶에 큰 해가 된다는 것일지도 모르겠다.

때로는 거짓 경보를 울리기도 하지만 이런 심리적 기제들이 일반적인 상황에서 꽤 유용함은 분명한 것 같다. 그리고 도덕적이고 신뢰할 수 있는 사람인가에 대한 판단이 전염의 위협에 대한 판단과 맞닿아 있다는 것은, 누군가를 신뢰한다는 것이 우리에게 근본적으로 얼마나 중요한 문제인지를 잘 보여주는 것 같기도 하다.

역겨움, 혐오감 등의 감정은 우리의 생존에 적응적인 기능을 한다.[9] 하지만 때로는 부작용을 낳기도 하는데, 혐오가 무고한 인간을 향할 때 그렇다. 예컨대 면역력이 저하된 상태이거나 감염의 위험을 지각하게 되면 '낯선 사람들'을 이유 없이 기피하게 된다는 연구들이 있다. 특히 '외국인'은 아주 쉬운 혐오의 대상이 되곤 한다.[10] 감염의 위험을 높게 지각하면 사회적 약자나 소수자 (환자, 장애인, 동성애자 등)에 대한 혐오 또한 증가한다는 연구들도 있다.[11] 정상이라고 생각하는 범주에서 벗어나거나 낯선 사람들을, 의도하든 의도하지 않았든 잠재적 감염원으로 지각하는 현상이다.

이렇게 공포는 익숙하지 않은 존재들은 부정하다고 생각하게 만드는 반면, 이미 익숙한 존재들은 더 좋아하게 만든다. 연구들에 의하면 감염에 대한 공포가 존재할 때 낯선 이들은 싫어하게 되지만 자신이 속한 집단을 향한 선호, 편향은 더 높아진다. 비슷한 맥락에서 민족주의/국수주의 등이 강해지는 현상도 나타난다. 또한 자기가 속한 집단에 높은 충성심을 보이며 다수의 의견에 동조, 귀가 쉽게 팔랑거리는 현상도 강해진다.[12]

감염에 대한 공포가 권위주의적/독재적/집단주의적 체제 및 정부를 옹호하게 만들 가능성을 시사하는 연구도 있다. 병균, 기생충에 의한 위협이 잦았던 지역일수록 그렇지 않은 지역에 비해 권위주의적인 성격을 가진 사람들이 많고 권위주의적 정부가 들어설 가능성이 더 높았다고 한다.[13] 병균이라는 불확실하고 보이지 않는 무엇에 대한 두려움을 어떤 강력한 통제수단이 나타나 억제해주기를 바라게 되는 것이다.

평소에도 역겨움에 대한 민감도가 높은 사람들은 (소위 비위가 약한) 그렇지 않은 사람들에 비해 권위주의, 강자에 의한 지배, 종

교적 근본주의, 민족중심주의, 집단주의, 보수주의를 더 옹호하는 경향을 보인다는 연구들도 있다.[14]

이렇게 감염에 대한 공포는 혐오를 불러오고 혐오가 심해지면 사람들, 특히 사회적 약자들을 차별하고 배척하게 된다. 나아가 '우리는 하나'라는 환상이 커지는 과정에서 또다시 '우리'에 속하지 않는 사람들을 배척하게 되고, 강력한 통제 수단을 옹호하게 만들기 위해 개인들을 희생시키거나 억압하는 것 또한 가능하게 된다.[15]

게다가 이런 혐오들은 거의 자동적으로, 자기도 모르는 사이에 나타나며 상당히 강력하기 때문에, 공포가 퍼져나갈수록 각종 차별과 억압들이 퍼져나가지는 않는지 반드시 예의주시해야 한다.

06

함께 감정을 교류하다
공감 능력

이번에는 사람들이 서로의 상황을 함께 기뻐하거나 슬퍼하며 깊이 교류할 수 있게 하는 '공감'에 대해 이야기해보자.

참고로 흔히 마음읽기라고 불리는 조망수용perspective taking 능력과 공감 능력은 서로 다른 능력이다. 조망수용 능력은 그 사람의 머릿속에 들어가서 지금 어떤 입장에 처해 있고 어떤 생각을 하고 있는지를 읽는 능력이라면, 공감 능력은 말 그대로 그 사람의 감정을 함께 느끼는 능력이다.

연구에 의하면 '협상'같이 상대의 입장, 전략, 패를 잘 읽어야 하는 상황에서는 공감 능력보다 조망수용 능력이 뛰어난 사람들이 더 좋은 성과를 보이고, 사람들과의 관계가 중요한 과제에서는 공감 능력이 뛰어난 사람들이 더 좋은 성과를 보인다고 한다.1 이

둘은 비슷해 보이지만 엄연히 다르다.

나르시시스트의 공감

앞에서 나르시시스트에 대한 이야기를 했다. 자기 자신을 굉장히
높게 평가하고, 다른 사람들은 자신을 위한 들러리 정도로 생각하
는 사람들이었다. 이러한 나르시시스트는 주변에 좋지 않은 영향
을 끼친다. 직장 상사나 연인이 나르시시스트라면 인생이 꽤 피곤
해질 것이다.

　　예를 들어 나르시시스트들은 연애를 '게임'처럼 생각하는 경향
이 있다. 따라서 아무렇지 않게 상대방의 마음을 갖고 놀며 승리감
을 맛보려는 현상이 나타난다.[2] 연구에 의하면 이들은 조직의 리
더로서든 연인으로서든 처음에는 상당히 매력적으로 평가된다(특
유의 자신감 때문). 그러나 점점 시간이 지날수록 실체를 드러내며
주변 사람들을 괴롭히기 때문에 관계의 만족도와 성과를 점점 떨
어뜨리는 모습을 보인다. 학자들은 이런 부작용들 때문에 과도한
나르시시즘은 사회적 문제가 된다고도 이야기한다.[3] 도대체 이들
은 왜 이러는 걸까?

　　여러 가지 이유 중 하나로 거론되는 것이 바로 낮은 공감 능력
이다. 힘든 일을 겪은 사람들의 영상을 보여준 뒤 얼마나 함께 슬

품을 느끼는지를 자기보고나 뇌 활동, 심장박동 등의 생리적 반응을 통해 측정해보면, 나르시시즘이 높을수록 타인의 아픔에 아무렇지 않아 하는 등 잘 공감하지 못하는 현상이 나타난다. 낮은 공감 능력은 아무 거리낌 없이 상대방에게 해를 가한다든가 하는 반사회적 행동과도 높은 관련을 보인다.

한편 에리카 헤퍼Erica Hepper 등의 연구에 의하면, 앞에서 언급한 남성의 공감 능력의 경우처럼, 나르시시스트들도 공감을 '못' 하는 게 아니라 '안' 하는 것이라는 지적이 있다.[4] 연구자들은 실험 참가자들에게 연인과 헤어졌던 경험 등 힘들었던 일에 대해 이야기하는 사람의 영상을 보여주거나 목소리를 들려주었다. 한 조건에서는 별다른 지시사항 없이 그냥 듣게 했고, 다른 한 조건에서는 "이 사람의 입장이 되어서 그 기분이 어떨지 상상하면서 들어보세요"라고 구체적인 지시사항을 주고 듣게 했다.

그랬더니 첫 번째 상황에서는 나르시시즘이 높은 사람들이 낮은 사람들에 비해 상대방의 아픔에 잘 공감하지 못하는 모습을 보였는데, 두 번째 상황에서는 나르시시즘이 높은 사람들도 낮은 사람들만큼 상대방의 고통을 잘 이해하고 반응하는 모습을 보였다. 자기보고에서도 그랬고 신체반응을 측정했을 때도 결과는 같았다. 즉 '시키니까' 문제없이 잘했다는 것이다. 연구자들은 만약 공감 능력을 발휘하는 것이 사회적 입지 상승 등에 도움이 되는 상황이라면 다른 사람들보다 나르시시스트들이 훨씬 더 공감 능력을 잘 발휘할 수 있다고 언급하기도 했다.

결국 공감 능력을 쓸 수 있으나 각종 동기적인 이유로(그럴 필요가 없어서 또는 굳이 그러고 싶지 않아서) 쓰지 않는다는 것인데, 생각해보면 꼭 나르시시스트가 아니더라도 우리 주변에는 이런 경우가 꽤 흔하다.

나와 가까운 사람들의 아픔에는 엄청나게 신경 쓰고 내 일인 것처럼 같이 아파하지만, 상관없는 사람들은 어떻게 되건 무신경하다든가, 또 남이 보는 앞에서는 다른 사람들을 잘 돌보다가도 아무도 보지 않을 때는 그러지 않는다든가 말이다. 흔한 예로 '밖에서만' 자상하고 집에서는 괴팍한 사람들도 꽤 많다. 우리는 이미 너무 가까워서, 혹은 나보다 높지 않아서 등등의 이유로 잘 보일 필요가 없는 사람들에게는 막 대하는 경향이 있다.

공감 능력을 발휘한다는 게 사실 꽤나 머리 아프고 소모가 큰 일이라서 어느 정도 선택적으로 발휘하는 것은 자연스러운 일일 것이다. 우리는 누구나 몇몇에게는 따뜻하고 자상한 사람이라는 소리를 듣지만 또 몇몇에게는 시큰둥한 사람이라는 소리를 듣고 산다. 하지만 그 차이가 얼마나 많이 나는가가 관건일 것이다. 사람에 따라서 너무 심하게 차별대우를 하진 않는지 한번 생각해보자. 어쩌면 내가 낮은 공감 능력으로 인한 다양한 문제의 주인공일지도 모른다.

공감 능력의 선택적 사용으로 인한 문제들은 결코 나르시시스트만의 것이 아니다. 우리는 모두 누군가의 천사이면서 누군가의 괴물일 수 있다는 사실을 기억해보자.

우리는 누구나 준비된 '갑'이다

공감 능력의 선택적 사용으로 인한 문제는 우리 주변에서 흔히 발견되는 '갑의 횡포'에서도 잘 나타난다. 보통 '갑질'이라고 하면 절대적인 권력자의 포악한 행위만을 말하는 것 같다. 하지만 사실 우리 주변에는 자기보다 상대적으로 낮아 보이는, 소위 '나보다 만만한' 상대를 향한 일상적 갑질 또한 무척 포악하게 이루어지고 있다.

우리는 사람들이 식당, 마트, 백화점, 콜센터 등의 서비스직 종사자들에게 억지스러운 요구를 한다든가 하대하는 경우를 쉽게 찾아볼 수 있다. 사람들은 자신이 상대보다 조금이라도 더 권력을 쥐었다고 생각하면 이렇게 쉽게 망가진다.

연구자 제르벤 반 클리프Gerben Van Kleef 등의 실험을 하나 살펴보자.5 한 조건의 사람들에게는 누군가에게 명령하거나 지시했던 경험(조장했던 경험)을 떠올리게 하고, 다른 조건의 사람들에게는 반대로 누군가로부터 명령받거나 지시받았던 경험을 떠올리게 한다. 또는 둘씩 짝을 지어 상사-부하 역할놀이를 하게 한다.

그러고 나서 어떤 사람이 힘들었던 경험에 대해 이야기하는 영상을 보여주고 그 사람이 어떤 감정을 느끼고 있을지 맞춰보라고 한다. 또 실험 참가자가 얼마나 그 감정을 느끼고 있는지 알아보기 위해 심장박동이나 신체적 긴장 상태 같은 생리적 지표들을 함께 측정한다. 그러면 누군가에게 명령을 내렸던 경험을 떠올린 사람들은 명령받은 경험을 떠올린 사람들에 비해 힘들어하는 사람의 감정을 잘 해석하지 못하고, 신체적 지표상에서도 타인의 괴로움을 함께 느끼며 힘들어하는 모습이 덜 나타난다. 즉 전반적으로 공감 능력이 떨어지는 경향이 나타나는 것이다.

평범한 사람들을 대상으로 실험실에서 잠깐 권력을 가진 듯한 느낌이 들게 만들었을 뿐인데 이런 현상이 나타났다. 잠깐이지만 권력감을 느끼게 되니 공감 능력이 저하되었다. 뿐만 아니라 또 다른 연구들에 의하면 주변 사람들의 의견을 귀담아 듣지 않고, 사람들이 자신의 행동에 대해 뭐라 말하든 주변의 평판을 신경 쓰지 않는 모습이 나타나기도 한다.[6]

또한 모든 공은 자신에게 돌리는 반면 실수나 과오는 남의 탓으로 돌리는 경향도 더 두드러진다. 겉으로 드러나는 몇 가지 모습만을 보고 타인을 단정하거나 출신 지역, 성별, 외모 등 각종 고정관념과 편견을 그대로 받아들이는 경향 또한 더 강해져 주변 사람들을 자기 맘대로 오해하게 되기도 한다.[7]

전반적으로 권력감을 느끼게 되면 공감 능력, 타인에 대한 배려와 타인을 잘 이해하려는 노력, 소통 능력 등이 저하되고 자기만 생각하는 안하무인이 되는 것이다. 그렇게 되는 이유는 권력이 있는데 굳이 타인을 배려하고 이해하려 애쓰고 싶지 않기 때문이다.

앞서 언급했듯 우리는 타인의 속마음을 정확히 알 수 없다. 우리가 알 수 있는 것은 오직 나의 경험이다. 타인의 경험은 단지 내가 가진 한정된 정보들을 이용해 그럴싸하게 '추론'하는 것일 뿐이다. 그것은 "내 경험과 주변 정황들을 종합해보면 이럴 거 같은데…"로 요약되는, 사실 꽤 머리 아픈 탐정놀이다. 결국 자연스럽게 열 길 물 속보다 더 어려운 게 한 길 사람 속이 될 수밖에 없다.

그러다 보니 많이 피곤한 상태, 또 '상대방에게 내가 잘 보여야 할 필요가 없을 때' 우리는 상대방에 대해 깊이 생각하고 배려하기를 그만둔다. 누군가를 신경 쓸 필요가 없는 상황에서 굳이 에너지를 펑펑 써가며 눈치를 볼 이유가 없는 것이다. 즉 상대의 맘을 헤아리려는 시도 자체를 하지 않게 된다.

이와 관련하여 애덤 갤린스키Adam Galinsky 및 대처 켈트너Dacher Keltner 등의 연구자들은 "권력을 가진 사람들은 주위의 압박을 잘 받지 않으며, 항상 당당한 태도로 지금의 행동을 고수할 확률이 높다"고 이야기했다.[8] 이런 의미에서 권력은 타인에게 영향력을 행사하는 힘인 동시에 타인으로부터 영향력을 받지 않을 수 있는 힘이기도 하다. 잘 사용하면 타인의 의사와 상관없이 자신의 뜻을 고수할 수 있는 동력이 되지만 잘못 사용하면 사용자의 공감 능력을 마비시키고 폭군으로 만들고 마는 힘이다.

따라서 우리는 늘 주의해야 한다. 권력은 상대적이라는 점을 다시 떠올려보자. 우리는 잠깐 동안 상사놀이만 해도 권력감에 취하게 된다. 언제든지 내 앞의 사람이 나보다 만만하게 느껴지면 나는 권력감을 느끼게 될 것이다. 회사에서는 말단 사원이었던 내가 마트 직원 앞에서는 폭군이 될 수도 있다. 우리는 모두 어느 정도 '준비된 갑'이니까 말이다.

07

따뜻하기만 한 건 아니다
공감의 이면

일반적으로 공감 능력이 좋으면 타인의 아픔과 문제를 잘 인지한다. 하지만 때로는 지나친 공감이 외면을 불러오기도 한다. 감정의 무게를 견디기 힘들기 때문이다.

예를 들어 문제 상황에 처한 사람이 그 당시 어떻게 느꼈을지 생각하는 것은 측은지심을 불러온다. 하지만 '그 상황에서 너라면 어땠을지' 생각하게 하면, 즉 상대의 입장에서 깊이 공감하게 하면, 측은지심뿐 아니라 정서적 스트레스를 불러와서 오히려 방어적인 반응을 초래할 수 있다는 연구가 있다.[1]

주변 사람 중 사회문제에 유독 무관심하고 어쩌다 이야기가 나오면 짜증을 내는 이가 있었다. 그는 그런 이야기를 들으면 심장이 뛰고 견디기 힘들어서 듣고 싶지 않다고 말했다. 공감 능력이 모자라서라기보다 오히려 문제에 지나치게 공감하여 감정적 소모 컸던 것이 아닐까 싶다.

처음에는 어떤 문제에 공감하다가도 시간이 지날수록 이제는 지겹다든가 피곤하다는 반응들이 나오는 경우도 흔히 발생한다. 이 또한 계속해서 공감하는 것은 매우 피곤하고 힘든 일임을 잘 보여주는 예인 것 같다.

이럴 때는 적당히 한 발짝 떨어져서 마음을 식히는 것이 도움이 될 것이다. 또는 감정적 소모가 일어났을 때 이를 회복시킬 적당한 방법들, 이를테면 긍정적 정서나 스트레스 해소법을 잘 사용해보는 것도 좋겠다.

한편 이렇게 문제에서 벗어나 다른 곳으로 눈을 돌릴 때 우리는 우리 자신의 피로와 집중력이 떨어졌음을 인정하기보다 "그런 문제는 이제 없다"면서 문제 자체를 부정하는 방법을 사용한다.2 그런 기만에 빠지지 않기 위해서라도 지나친 소모는 경계해야 할 것이다.

공감을 잘할수록 많이 도울까?

공감 능력과 도움 행동의 관계는 어떨까? 일반적으로 우리는 공감 능력이 높을수록 사람들을 더 잘 도울 거라고 생각한다. 하지만 다수의 연구에 의하면 의외로 공감 능력과 도움 행동 간에는 별 상관이 없다고 한다.3 공감 능력이 낮다고 해서 사람들을 덜 돕는 것도, 공감 능력이 높다고 해서 사람들을 더 많이 돕는다는 것도 아니라는 것이다.

마음이 '행동'으로 가는 데에는 많은 관문이 있다. 마음 같아서는 열심히 공부하거나 운동하고 싶지만 실제 그렇게 행동하는 사람은 많지 않다. 티비 등에서 안쓰러운 사연 등을 보고 "참 안됐다"고 느끼는 것은 간단한 일이지만 실제 그것을 바꾸기 위해 어떠한 행동을 취하는 것은 차원이 다른 일이다. 안됐다고 느끼는 데서 끝나는 경우도 많고, "어쨌든 나와는 상관이 없지"라면서 잊어버리는 경우도 흔하기 때문에 실제 도움 행동은 잘 일어나지 않는다.

심리학자 존 매너John Manner 등의 연구에 의하면, 힘든 상황에 있는 사람에게 얼마나 공감 하느냐보다 그 사람과 얼마나 자신의 정체성이 얼마나 가깝다고 느끼는지, 즉 그 일이 얼마나 자신과 가깝고 관련 있는 일이라고 느끼는지가 '실제' 도움 행동을 잘 예측한다고 한다.4 평소 자신의 주변 사람들에게는 상당히 따뜻한 사람이더라도 자신과 별로 상관없는 사람이나 일에는 눈 하나 깜빡하지 않을 수 있는 게 우리들이고 우리의 공감 능력이 가진 한계다. 매일매일 저 멀리 아프리카의 아이들의 굶주림을 생각하며 눈물짓는 사람이 많지 않고, 눈물짓더라도 그것으로 그만인 사람이 많듯 말이다.

의도와 결과의 불일치

한편 한 연구에서는 이타심이 높을수록 조직에 해를 미칠 것 같은 사람에 대한 '뒷담화'를 잘한다고 밝혔다. 매튜 핀버그Matthew Feinberg 등의 실험을 한번 살펴보자.5 사람들에게 사기를 치는 모습 같은 부조리한 장면을 보게 한다. 그러면 성격적으로 이타성이 높은 사람들(성격 요인 중 원만성이 높은 사람)이 그렇지 않은 사람들에 비해 이 이야기를 퍼뜨리고 싶어서 심박수가 급상승하는 모습을 보인다.

그리고 이 이야기를 다른 사람들에게 퍼트릴 기회를 주면 이타성이 높은 사람들이 그렇지 않은 사람들에 비해 부정적 감정이 줄어들며 기분이 확 좋아지는 현상이 나타난다. 이타성이 높을수록 소문을 퍼뜨리고 싶어 하고 그렇게 하고 나면 기분이 더 좋아진다는 게 약간 섬뜩하기도 하면서 재미있지 않은가?

이들 연구자들은 뒷담화가 따돌림 등의 조직적 처벌도 일으키며, 다른 구성원들의 피해를 예방하고 나아가 조직의 응집성과 협동성을 높인다고 보고 있다.6 그런데 문제는 우리가 인간이기 때문에 그 기준이 매우 주관적일 수 있다는 것이다. 또한 애초에 잘못된 정보로 인해 잘못된 판단을 할 수도 있다. 예컨대 잘못된 정보에 우르르 마녀사냥을 하는 경우에도 많은 동조자들이 실은 꽤 이타적인 사람들일 수 있겠단 생각이 든다.

주변을 돌아보면 거의 모든 사람들이 악하기보다 선한데, 여전히 세상에 불의가 넘쳐나는 이유라고도 볼 수 있겠다. 인간은 불완전하고 맥락은 다양하다. 그리고 선하고자 하는 의도와 결과는 서로 불일치한다.

남과 나를 칭찬하기

앞에서 이야기했듯 칭찬은 우리의 수행 능력을 향상시킨다. 그리고 남에게 칭찬을 해본 경험이 있어야 내가 칭찬받을 때 그 말을 잘 믿게 되어 응원의 효과를 누릴 수 있다. 칭찬을 할 때는 타고난 재능을 얘기하기보다 '노력' 같은 성취 과정을 집어주는 것이 좋다. 그리고 두루뭉술하게 "잘했어"라고 하기보다 구체적으로 "이런 저런 부분이 특히 좋았어"라고 해주는 것이 좋다. 이 사실을 유념하여 우리 주변 사람들을 칭찬해보자. 그리고 나 자신에게도 한번 칭찬해보자.

주변 사람에 대한 칭찬

_____의 _____행동을 칭찬합니다.

_____의 _____생각을 칭찬합니다.

_____의 _____행동을 칭찬합니다.

_____의 _____생각을 칭찬합니다.

_____의 _____행동을 칭찬합니다.

_____ 의 _____ 생각을 칭찬합니다.

_____ 의 _____ 행동을 칭찬합니다.

나에 대한 칭찬

나의 _____ 행동을 칭찬합니다.

나의 _____ 생각을 칭찬합니다.

나의 _____ 행동을 칭찬합니다.

나의 _____ 생각을 칭찬합니다.

나의 _____ 행동을 칭찬합니다.

나의 _____ 생각을 칭찬합니다.

나의 _____ 행동을 칭찬합니다.

나의 _____ 생각을 칭찬합니다.

Part 1 진짜 내 모습을 찾아

01 나 자신을 알기란 꽤 어려운 일_자기지각

1. Ingram, R. E. (1990). Self-focused attention in clinical disorders: review and a conceptual model. *Psychological Bulletin*, 107, 156-176.
2. Chang, E. C., Rand, K. L., & Strunk, D. R. (2000). Optimism and risk for job burnout among working college students: stress as a mediator. *Personality and Individual Differences*, 29, 255-263.

    Maslach, C., Schaufeli, W. B., & Leiter, M. P. (2001). Job burnout. *Annual Review of Psychology*, 52, 397-422.
3. Baumeister, R. F., & Vohs, K. D. (2002). The pursuit of meaningfulness in life. In C. R. Snyder & S. J. Lopez (Eds.), *Handbook of positive psychology* (pp. 608-618). Oxford, UK: Oxford University Press.

02 겉모양 말고 속을 보세요_'실제 나'와 '진정한 나'

1. Schlegel, R. J., Hicks, J. A., Arndt, J., & King, L. A. (2009). Thine own self: true self-concept accessibility and meaning in life. *Journal of Personality and Social Psychology, 96,* 473-490.

2. 에드 디너, 로버트 비스위스 디너 공저 (2009). 《모나리자 미소의 법칙》, 20세 기북스.

3. 조소현, 서은국, & 노연정. (2005). 혈액형별 성격특징에 대한 믿음과 실제 성 격과의 관계. 한국심리학회지: 사회 및 성격, 19, 33-47.

4. Kenny, D. A., Albright, L., Malloy, T. E., & Kashy, D. A. (1994). Consensus in interpersonal perception: acquaintance and the big five. *Psychological Bulletin, 116,* 245-258.

5. Bryant, F. B., & Veroff, J. (2007). *Savoring: A new model of positive experience.* Mahwah, NJ: Lawrence Erlbaum Associates, Inc.

03 정말 고생 끝에 낙이 오나요_강요된 희생

1. Bryant, F. B., & Veroff, J. (2007). *Savoring: A new model of positive experience.* Mahwah, NJ: Lawrence Erlbaum Associates, Inc.

2. Diener, E., Suh, E. M., Kim-Prieto, C., Biswas-Diener, R., & Tay, L. S. (2010). Unhappiness in South Korea: Why it is high and what might be done about it. Seoul, *Korean Psychological Association.*

3. Suh, E., Diener, E., Oishi, S., & Triandis, H. C. (1998). The shifting basis of life satisfaction judgments across cultures: Emotions versus norms. *Journal of Personality and Social Psychology, 74,* 482-493.

4. Hsee, C. K., Zhang, J., Cai, C. F., & Zhang, S. (2013). Overearning. *Psychological Science, 24,* 852-859.

5. King, L. A., Hicks, J. A., Krull, J. L., & Del Gaiso, A. K. (2006). Positive affect and the experience of meaning in life. *Journal of Personality and Social Psychology, 90,* 179-196.

6. Park, B., Banchefsky, S., & Reynolds, E. B. (2015). Psychological essentialism, gender, and parenthood: Physical transformation leads to heightened essentialist conceptions. *Journal of Personality and Social Psychology, 109,* 949-967.

7. Brummelman, E., Thomaes, S., Slagt, M., Overbeek, G., de Castro, B. O., & Bushman, B. J. (2013). My child redeems my broken dreams: On parents transferring their unfulfilled ambitions onto their child. *PloS one, 8*, e65360.

8. 에드 디너, 로버트 비스워스 디너 공저 (2009). 《모나리자 미소의 법칙》, 20세 기북스.

04 나 이렇게나 힘들었다고!_보상심리와 피해의식

1. Zitek, E. M., Jordan, A. H., Monin, B., & Leach, F. R. (2010). Victim entitlement to behave selfishly. *Journal of Personality and Social Psychology, 98*, 245-255.

2. Noor, M., Shnabel, N., Halabi, S., & Nadler, A. (2012). When suffering begets suffering the psychology of competitive victimhood between adversarial groups in violent conflicts. *Personality and Social Psychology Review, 16*, 351-374.

3. (2014, Sep 26). What science says about using physical force to punish a child. *Huffingtonpost*. Retrieved from http://www.huffingtonpost.com/2014/09/18/adrian-peterson-corporal-punishment-science_n_5831962.html

4. 1, 2와 동일

5. Craig, M. A., DeHart, T., Richeson, J. A., & Fiedorowicz, L. (2012). Do unto others as others have done unto you? Perceiving sexism influences women's evaluations of stigmatized racial groups. *Personality and Social Psychology Bulletin, 38*, 1107-1119.

6. Brandt, M. J., & Henry, P. J. (2012). Gender inequality and gender differences in authoritarianism. *Personality and Social Psychology Bulletin, 38*, 1301-1315.

05 고통 속에서도 웃을 수 있을까?_긍정적 정서와 부정적 정서

1. Fredrickson, B. L. (2003). The value of positive emotions: The emerging science of positive psychology is coming to understand why it's good to feel good. *American Scientist, 91*, 330-335.

2. Block, J., & Kremen, A. M. (1996). IQ and ego-resiliency: Conceptual and empirical connections and separateness. *Journal of Personality and Social*

Psychology, 70, 349-361.

3. Ong, A. D., Bergeman, C. S., Bisconti, T. L., & Wallace, K. A. (2006). Psychological resilience, positive emotions, and successful adaptation to stress in later life. *Journal of Personality and Social Psychology, 91*, 730-749.

4. Fredrickson, B. L., Mancuso, R. A., Branigan, C., & Tugade, M. M. (2000). The undoing effect of positive emotions. *Motivation and Emotion, 24*, 237 - 258.

5. Fredrickson, B. L., & Branigan, C. (2001). Positive emotions. In T. J.Mayne & G. A.Bonanno (Eds.), *Emotions* (pp. 123 - 151). New York : Guilford Press.

6. Lyubomirsky, S., King, L., & Diener, E. (2005). The benefits of frequent positive affect : does happiness lead to success?. *Psychological Bulletin, 131*, 803-855.

7. 3과 같음

8. Segerstrom, S. C., & Sephton, S. E. (2010). Optimistic expectancies and cell-mediated immunity : The role of positive affect. *Psychological Science, 21*, 448-455.

9. Ostir, G. V., Markides, K. S., Peek, M. K., & Goodwin, J. S. (2001). The association between emotional well-being and the incidence of stroke in older adults. *Psychosomatic Medicine, 63*, 210 - 215.

06 재미있는 일이 쉬운 일이다_지속 가능한 삶

1. Baumeister, R. F., Bratslavsky, E., Muraven, M., & Tice, D. M. (1998). Ego depletion : Is the active self a limited resource? *Journal of Personality and Social Psychology, 74*, 1252-1265.

2. Moller, A. C., Deci, E. L., & Ryan, R. M. (2006). Choice and ego-depletion : The moderating role of autonomy. *Personality and Social Psychology Bulletin, 32*, 1024-1036.

3. Nakamura, J., & Csikszentmihalyi, M. (2002). The concept of flow. In C. R. Snyder & S. J. Lopez (Eds.), *Handbook of positive psychology* (pp. 89-105). Oxford, UK : Oxford University Press

4. Rottinghaus, P. J., Larson, L. M., & Borgen, F. H. (2003). The relation of

self-efficacy and interests : A meta-analysis of 60 samples. *Journal of Vocational Behavior, 62*, 221–236.

5. Nye, C. D., Su, R., Rounds, J., & Drasgow, F. (2012). Vocational interests and performance a quantitative summary of over 60 years of research. *Perspectives on Psychological Science, 7*, 384–403.

07 땅 짚고 일어나기_번아웃

1. Melamed, S., Shirom, A., Toker, S., Berliner, S., & Shapira, I. (2006). Burnout and risk of cardiovascular disease : evidence, possible causal paths, and promising research directions. *Psychological Bulletin, 132*, 327–353.

2. Dyrbye, L. N., Thomas, M. R., Massie, F. S., Power, D. V., Eacker, A., Harper, W., ... & Sloan, J. A. (2008). Burnout and suicidal ideation among US medical students. *Annals of Internal Medicine, 149*, 334–341.

3. Muraven, M., & Baumeister, R. F. (2000). Self-regulation and depletion of limited resources : Does self-control resemble a muscle?. *Psychological Bulletin, 126*, 247–259.

4. Ryan, R. M., & Deci, E. L. (2000). Self-determination theory and the facilitation of intrinsic motivation, social development, and well-being. *American Psychologist, 55*, 68–78.

5. Maddux, J., & Gosselin (2003). Self-efficacy. In M. Leary & J. Tangney (Eds.), *Handbook of self and identity* (pp. 218–238). New York, NY : Guilford.

6. Linville, P. W. (1987). Self-complexity as a cognitive buffer against stress-related illness and depression. *Journal of Personality and Social Psychology, 52*, 663–676.

7. Grossmann, I., Huynh, A. C., & Ellsworth, P. C. (2015). Emotional complexity : Clarifying definitions and cultural correlates. *Journal of Personality and Social Psychology*, http://dx.doi.org/10.1037/pspp0000084

8. Sherman, D. K., & Cohen, G. L. (2002). Accepting threatening information : Self – Affirmation and the reduction of defensive biases. *Current Directions in Psychological Science, 11*, 119–123.

Part 2 행복하자

01 소소한 일상의 커다란 힘_인생의 유한함

1. Bryant, F.B., & Veroff, J. (2007). *Savoring: A new model of positive experience*. Mahwah, NJ: Lawrence Erlbaum Associates, Inc.
2. Bhattacharjee, A., & Mogilner, C. (2014). Happiness from ordinary and extraordinary experiences. *Journal of Consumer Research, 41*, 1–17.
3. Gilbert, D. T., Pinel, E. C., Wilson, T. D., Blumberg, S. J., & Wheatley, T. P. (1998). Immune neglect: A source of durability bias in affective forecasting. *Journal of Personality and Social Psychology, 75*, 617–638.
4. Lyubomirsky, S. (2011). Hedonic adaptation to positive and negative experiences. In S. Folkman (Ed.), *Oxford handbook of stress, health, and coping* (pp. 200–224). New York, NY: Oxford University Press.
5. Hsee, C. K., Hastie, R., & Chen, J. (2008). Hedonomics: Bridging decision research with happiness research. *Perspectives on Psychological Science, 3*, 224–243.

02 행복이 조금씩 조금씩_행복 습관

1. Diener, E., Sandvik, E., & Pavot, W. (1991). Happiness is the frequency, not the intensity, of positive versus negative affect. In F. Strack, M. Argyle, & N. Schwartz (Eds.), *Subjective well-being: An interdisciplinary perspective* (pp. 119-139). Elmsford, NY: Pergamon Press.
2. DeLongis, A., Coyne, J. C., Dakof, G., Folkman, S., & Lazarus, R. S. (1982). Relationship of daily hassles, uplifts, and major life events to health status. *Health Psychology, 1*, 119-136.
3. Charles, S. T., Piazza, J. R., Mogle, J., Sliwinski, M. J., & Almeida, D. M. (2013). The wear and tear of daily stressors on mental health. *Psychological Science, 24*, 733-741.
4. Diener, E., Suh, E. M., Lucas, R. E., & Smith, H. L. (1999). Subjective well-being: Three decades of progress. *Psychological Bulletin, 125*, 276-302.
5. Kahneman, D., & Deaton, A. (2010). High income improves evaluation of

life but not emotional well-being. *Proceedings of the National Academy of Sciences, 107*, 16489-16493.

6. Inglehart, R., & Oyserman, D. (2004). Individualism, autonomy, self-expression. The human development syndrome. *International Studies in Sociology and Social Anthropology*, 74-96.

7. Zhang, T., Kim, T., Brooks, A. W., Gino, F., & Norton, M. I. (2014). A "Present" for the future: The unexpected value of rediscovery. *Psychological Science*, 0956797614542274.

03 낯선 이가 주는 기쁨_예측과 실제

1. Epley, N., & Schroeder, J. (2014). Mistakenly seeking solitude. Journal of Experimental Psychology: *General, 143*, 1-20.

2. Dunn et al., (2007). Misunderstanding the affective consequences of everyday social interactions: The hidden benefits of putting one's best face forward. *Journal of Personality and Social Psychology, 92*, 990 – 1005.

3. Zelenski, J. M., Santoro, M. S., & Whelan, D. C. (2012). Would introverts be better off if they acted more like extraverts? Exploring emotional and cognitive consequences of counterdispositional behavior. *Emotion, 12*, 290 – 303.

4. Zelenski, J. M., Whelan, D. C., Nealis, L. J., Besner, C. M., Santoro, M. S., & Wynn, J. E. (2013). Personality and affective forecasting: Trait introverts underpredict the hedonic benefits of acting extraverted. *Journal of Personality and Social Psychology, 104*, 1092-1108.

5. Rodebaugh, T. L., Lim, M. H., Fernandez, K. C., Langer, J. K., Weisman, J. S., Tonge, N., ... & Shumaker, E. A. (2014). Self and friend's differing views of social anxiety disorder's effects on friendships. *Journal of abnormal psychology, 123*, 715-724.

04 친절해도 괜찮아_관계의 영역

1. Diener, E., Suh, E. M., Kim-Prieto, C., Biswas-Diener, R., & Tay, L. S. (2010). Unhappiness in South Korea: Why it is high and what might be done about it. Seoul, *Korean Psychological Association*.

2. 에드 디너, 로버트 비스워스 디너 공저 (2009). 《모나리자 미소의 법칙》, 20세 기북스.

3. Taylor, S. E., Sherman, D. K., Kim, H. S., Jarcho, J., Takagi, K., & Dunagan, M. S. (2004). Culture and social support: Who seeks it and why? *Journal of Personality and Social Psychology, 87*, 354–362.

4. Cacioppo, J. T., Cacioppo, S., Gonzaga, G. C., Ogburn, E. L., & VanderWeele, T. J. (2013). Marital satisfaction and break-ups differ across on-line and off-line meeting venues. *Proceedings of the National Academy of Sciences, 110*, 10135–10140.

05 잘 먹고 잘 쉬자_음식과 수면

1. Gailliot, M. T., & Baumeister, R. F. (2007). The physiology of willpower: Linking blood glucose to self-control. *Personality and Social Psychology Review, 11*, 303–327.

2. Bushman, B. J., DeWall, C. N., Pond, R. S., & Hanus, M. D. (2014). Low glucose relates to greater aggression in married couples. *Proceedings of the National Academy of Sciences, 111*, 6254–6257.

3. Scullin, M. K., & Bliwise, D. L. (2015). Sleep, cognition, and normal aging integrating a half century of multidisciplinary research. *Perspectives on Psychological Science, 10*, 97–137.

4. Goldschmied, J. R., Cheng, P., Kemp, K., Caccamo, L., Roberts, J., & Deldin, P. J. (2015). Napping to modulate frustration and impulsivity: A pilot study. *Personality and Individual Differences, 86*, 164–167.

5. Lahl, O., Wispel, C., Willigens, B., & Pietrowsky, R. (2008). An ultra short episode of sleep is sufficient to promote declarative memory performance. *Journal of Sleep Research, 17*, 3–10.

6. Faraut, B., Nakib, S., Drogou, C., Elbaz, M., Sauvet, F., De Bandt, J. P., & Léger, D. (2015). Napping reverses the salivary interleukin-6 and urinary norepinephrine changes induced by sleep restriction. *The Journal of Clinical Endocrinology & Metabolism, 100*, E416–E426.

7. Kane, H. S., Slatcher, R. B., Reynolds, B. M., Repetti, R. L., & Robles, T.

F. (2014). Daily self-disclosure and sleep in couples. *Health Psychology, 33*, 813-822.

06 생각을 정리하기_비우는 글쓰기

1. Killingsworth, M. A., & Gilbert, D. T. (2010). A wandering mind is an unhappy mind. *Science, 330*, 932-932.
2. Nolen-Hoeksema, S., Wisco, B. E., & Lyubomirsky, S. (2008). Rethinking rumination. *Perspectives on Psychological Science, 3*, 400-424.
3. Lyubomirsky, S., Kasri, F., & Zehm, K. (2003). Dysphoric rumination impairs concentration on academic tasks. *Cognitive Therapy and Research, 27*, 309-330.
4. Briñol, P., Gascó, M., Petty, R. E., & Horcajo, J. (2013). Treating thoughts as material objects can increase or decrease their impact on evaluation. *Psychological Science, 24*, 41-47.
5. Klein, K., & Boals, A. (2001). Expressive writing can increase working memory capacity. *Journal of Experimental Psychology: General, 130*, 520-533.
6. Ramirez, G., & Beilock, S. L. (2011). Writing about testing worries boosts exam performance in the classroom. *Science, 331*, 211-213.

07 우리를 지켜주는 것_사회적 지지

1. Uchino, B. N., Cacioppo, J. T., & Kiecolt-Glaser, J. K. (1996). The relationship between social support and physiological processes: a review with emphasis on underlying mechanisms and implications for health. *Psychological Bulletin, 119*, 488-531.
2. Kasl, S., & Cobb, S. (1980). The experience of losing a job: Some effects on cardiovascular functioning. *Psychotherapy and psychosomatics, 34*, 88-109.
3. Graves, P. L., Wang, N. Y., Mead, L. A., Johnson, J. V., & Klag, M. J. (1998). Youthful precursors of midlife social support. *Journal of Personality and Social Psychology, 74*, 1329-1336.
4. Reblin, M., & Uchino, B. N. (2008). Social and emotional support and its implication for health. *Current Opinion in Psychiatry, 21*, 201-205.

5. Cohen, S., Janicki-Deverts, D., Turner, R. B., & Doyle, W. J. (2015). Does hugging provide stress-buffering social support? A study of susceptibility to upper respiratory infection and illness. *Psychological Science, 26*, 135-147.

6. Cosley, B. J., McCoy, S. K., Saslow, L. R., & Epel, E. S. (2010). Is compassion for others stress buffering? Consequences of compassion and social support for physiological reactivity to stress. *Journal of Experimental Social Psychology, 46*, 816-823.

부록 긴장과 불안에 새 이름 붙이기

1. Brooks, A. W. (2014). Get excited: Reappraising pre-performance anxiety as excitement. *Journal of Experimental Psychology: General, 143*, 1144-1158.

Part 3 마음 다치지 않게

01 고통과 마주하는 시간_불행 직시

1. Fiske, S. T. (2004). *Social beings: A core motives approach to social psychology.* New York: Wiley.

2. Baltes, P. B., & Smith, J. (2008). The fascination of wisdom: Its nature, ontogeny, and function. *Perspectives on Psychological Science, 3*, 56-64.

3. Kross, E., & Grossmann, I. (2012). Boosting wisdom: Distance from the self enhances wise reasoning, attitudes, and behavior. *Journal of Experimental Psychology: General, 141*, 43-48.

4. Rosenbaum, D. A., Gong, L., & Potts, C. A. (2014). Pre-Crastination: Hastening subgoal completion at the expense of extra physical effort. *Psychological Science, 7*, 1487-1496.

02 선함과 악함의 경계_이분법적 사고

1. Johnson, L. M., Mullick, R., & Mulford, C. L. (2002). General versus specific victim blaming. *The Journal of social psychology, 142*, 249-263.

2. Hafer, C. L. (2000). Do innocent victims threaten the belief in a just world?

Evidence from a modified Stroop task. *Journal of Personality and Social Psychology, 79*, 165-173.

3. (2015, April 29). The victimization quandry: To help victims we have to stop blaming them. *Psypost*. Retrieved from http://www.psypost.org/2015/04/the-victimization-quandry-to-help-victims-we-have-to-stop-blaming-them-33899

4. Miller, D. T., & Porter, C. A. (1983). Self-blame in victims of violence. *Journal of Social Issues, 2*, 139-152.

5. Janoff-Bulman, R., Timko, C., & Carli, L. L. (1985). Cognitive biases in blaming the victim. *Journal of Experimental Social Psychology, 21*, 161-177.

6. Howard, J. A. (1984). Societal influences on attribution: Blaming some victims more than others. *Journal of Personality and Social Psychology, 47*, 494-505.

7. Baumeister, R. F., Stillwell, A., & Wotman, S. R. (1990). Victim and perpetrator accounts of interpersonal conflict: Autobiographical narratives about anger. *Journal of Personality and Social Psychology, 59*, 994-1005.

8. Cameron, C. D., & Payne, B. K. (2012). The cost of callousness regulating compassion influences the moral self-concept. *Psychological Science, 3*, 225-229.

03 고통으로 얻는 것_의미 찾기

1. Buehler, R., Griffin, D., & Ross, M. (1994). Exploring the"planning fallacy": Why people underestimate their task completion times. *Journal of Personality and Social Psychology, 67*, 366-381.

2. Gollwitzer, A., Oettingen, G., Kirby, T. A., Duckworth, A. L., & Mayer, D. (2011). Mental contrasting facilitates academic performance in school children. *Motivation and Emotion, 35*, 403-412.

3. Francis, M. E., & Pennebaker, J. W. (1992). Putting Stress into Words: The Impact of Writing on Physiological, Absentee, and Self-Reported Emotional Weil-Being Measures. *American Journal of Health Promotion, 6*, 280-287.

4. Spera, S. P., Buhrfeind, E. D., & Pennebaker, J. W. (1994). Expressive writing and coping with job loss. *Academy of Management Journal, 37*, 722-733.

5. Baumeister, R. F., & Vohs, K. D. (2002). The pursuit of meaningfulness in life. In C. R. Snyder & S. J. Lopez (Eds.), *Handbook of positive psychology* (pp. 608-618). Oxford, UK: Oxford University Press.

6. Oishi, S., & Diener, E. (2013). Residents of poor nations have a greater sense of meaning in life than residents of wealthy nations. *Psychological Science*, 0956797613507286.

7. 5와 같음

8. 5와 같음

04 절망을 이기는 내 안의 힘_통제감

1. Rodin, J., & Langer, E. J. (1977). Long-term effects of a control-relevant intervention with the institutionalized aged. *Journal of Personality and Social Psychology, 35*, 897-902.

2. Lachman, M. E., & Weaver, S. L. (1998). The sense of control as a moderator of social class differences in health and well-being. *Journal of Personality and Social Psychology, 74*, 763-773.

05 통제감 없는 사회_통제 대리물

1. Whitson, J. A., & Galinsky, A. D. (2008). Lacking control increases illusory pattern perception. *Science, 322*, 115-117.

2. Kay, A. C., Gaucher, D., Napier, J. L., Callan, M. J., & Laurin, K. (2008). God and the government: testing a compensatory control mechanism for the support of external systems. *Journal of Personality and Social Psychology, 95*, 18-35.

3. Jost, J. T., & Thompson, E. P. (2000). Group-based dominance and opposition to equality as independent predictors of self-esteem, ethnocentrism, and social policy attitudes among African Americans and European Americans. *Journal of Experimental Social Psychology, 36*, 209-232.

06 마음이 외롭고 허할 때_사회적 동물

1. Trevorrow, K., & Moore, S. (1998). The association between loneliness,

social isolation and women's electronic gaming machine gambling. *Journal of Gambling Studies, 14,* 263–284.

2. Zhou, X., Vohs, K. D., & Baumeister, R. F. (2009). The symbolic power of money reminders of money alter social distress and physical pain. *Psychological Science, 20,* 700–706.

3. Levine, M. P. (2012). Loneliness and eating disorders. *The Journal of Psychology, 146,* 243–257.

4. International Communication Association. (2015. January 29). Feelings of loneliness, depression linked to binge-watching television. *ScienceDaily.* Retrieved from www.sciencedaily.com/releases/2015/01/150129094341.htm

5. Mawson, A. R. (2005). Understanding mass panic and other collective responses to threat and disaster. *Psychiatry, 68,* 95–113.

6. Conte, H. R., Weiner, M. B., & Plutchik, R. (1982). Measuring death anxiety: conceptual, psychometric, and factor-analytic aspects. *Journal of Personality and Social Psychology, 43,* 775–785.

7. Baumeister, R. F., & Leary, M. R. (1995). The need to belong: Desire for interpersonal attachments as a fundamental human motivation. *Psychological Bulletin, 117,* 497–529.

부록 빈자와 부자 모두의 욕구

1. Hong, P. Y. P., Sheriff, V. A., & Naeger, S. R. (2009). A Bottom-up Definition of Self-sufficiency Voices from Low-income Job seekers. *Qualitative Social Work, 8,* 357–376.

2. Mani, A., Mullainathan, S., Shafir, E., & Zhao, J. (2013). Poverty impedes cognitive function. *Science, 341,* 976–980.

Part 4 내 인생 좀 더 의미 있게

01 처음 사는 인생_시행착오

1. Ferrari, J. R. (1992). Procrastinators and perfect behavior: An exploratory

factor analysis of self-presentation, self-awareness, and self-handicapping components. *Journal of Research in Personality, 26*, 75-84.

2. Effert, B. R., & Ferrari, J. R. (1989). Decisional procrastination: Examining personality correlates. *Journal of Social Behavior & Personality, 4*, 151-161.

3. Ferrari, J. R., & Dovidio, J. F. (2001). Behavioral information search by indecisives. *Personality and Individual Differences, 30*, 1113-1123.

4. Hills, T. T., Noguchi, T., & Gibbert, M. (2013). Information overload or search-amplified risk? Set size and order effects on decisions from experience. *Psychonomic bulletin & review, 20*, 1023-1031.

02 완벽해야 잘 사는 건 아니다_완벽주의

1. Hewitt, P. L., & Flett, G. L. (1991). Perfectionism in the self and social contexts: conceptualization, assessment, and association with psychopathology. *Journal of Personality and Social Psychology, 60*, 456-470.

2. Fry, P. S., & Debats, D. L. (2009). Perfectionism and the five-factor personality traits as predictors of mortality in older adults. *Journal of Health Psychology,14*, 513-524.

3. Flett, G. L., Hewitt, P. L., & Heisel, M. J. (2014). The destructiveness of perfectionism revisited: Implications for the assessment of suicide risk and the prevention of suicide. *Review of General Psychology, 18*, 156-172.

4. Melissa Jackson. (2014, June 19). Why perfect is not always best. *BBC NEWS*. Retrieved from http://news.bbc.co.uk/2/hi/health/3815479.stm

5. Brooks, A. W., Gino, F., & Schweitzer, M. E. (2015). Smart people ask for (my) advice: Seeking advice boosts perceptions of competence. *Management Science, 61*, 1421-143

03 나에게 너그러워지기_자존감

1. Baumeister, R. F., Campbell, J. D., Krueger, J. I., & Vohs, K. D. (2003). Does high self-esteem cause better performance, interpersonal success, happiness, or healthier lifestyles? *Psychological Science in the Public Interest, 4*, 1-44.

2. Leary, M. R. (2003). Individual differences in self-esteem: A review and

theoretical integration. In M. R. Leary & J. P. Tangney (Eds.), *Handbook of self and identity*. New York: Guilford Press.

3. Crocker, J., & Park, L. E. (2004). The costly pursuit of self-esteem. *Psychological Bulletin, 130*, 392-414.

4. Kernis, M. H., Cornell, D. P., Sun, C. R., Berry, A., & Harlow, T. (1993). There's more to self-esteem than whether it is high or low: The importance of stability of self-esteem. *Journal of Personality and Social Psychology, 65*, 1190-1204.

5. Bushman, B. J., & Baumeister, R. F. (1998). Threatened egotism, narcissism, self-esteem, and direct and displaced aggression: Does self-love or self-hate lead to violence? *Journal of Personality and Social Psychology, 75*, 219-229.

6. Neff, K. (2003). Self-compassion: An alternative conceptualization of a healthy attitude toward oneself. *Self and identity, 2*, 85-101.

7. Leary, M. R., Tate, E. B., Adams, C. E., Batts Allen, A., & Hancock, J. (2007). Self-compassion and reactions to unpleasant self-relevant events: The implications of treating oneself kindly. *Journal of Personality and Social Psychology, 92*, 887-904.

8. 7과 같음.

9. Breines, J. G., & Chen, S. (2012). Self-compassion increases self-improvement motivation. *Personality and Social Psychology Bulletin, 38*, 1133-1143.

04 성숙한 마음 키우기_겸손과 나르시시즘

1. King, L. A., & Hicks, J. A. (2007). Whatever happened to" What might have been"? Regrets, happiness, and maturity. *American Psychologist, 62*, 625-636.

2. Leary, M. R., & Terry, M. L. (2011). Hypo-Egoic Mindsets. *Handbook of Self and Identity*.

3. Morf, C. C., & Rhodewalt, F. (2001). Unraveling the paradoxes of narcissism: A dynamic self-regulatory processing model. *Psychological Inquiry, 12*, 177-196.

4. Krizan, Z., & Johar, O. (2015). Narcissistic rage revisited. *Journal of Personality and Social Psychology, 108*, 784-801.

05 묶인 생각 풀어내기_고정관념

1. Burkley, M., & Blanton, H. (2008). Endorsing a negative in-group stereotype as a self-protective strategy: Sacrificing the group to save the self. *Journal of Experimental Social Psychology, 44*, 37-49.

2. Hyde, J. S., Fennema, E., & Lamon, S. J. (1990). Gender differences in mathematics performance: A meta-analysis. *Psychological Bulletin, 107*, 139-155.

3. Bonnot, V., & Croizet, J. C. (2007). Stereotype internalization and women's math performance: The role of interference in working memory. *Journal of Experimental Social Psychology, 43*, 857-866.

4. Johns, M., Schmader, T., & Martens, A. (2005). Knowing is half the battle teaching stereotype threat as a means of improving women's math performance. *Psychological Science, 16*, 175-179.

5. Schmader, T. (2002). Gender identification moderates stereotype threat effects on women's math performance. *Journal of Experimental Social Psychology, 38*, 194-201.

6. Aronson, J., Lustina, M. J., Good, C., Keough, K., Steele, C. M., & Brown, J. (1999). When white men can't do math: Necessary and sufficient factors in stereotype threat. *Journal of Experimental Social Psychology, 35*, 29-46.

7. Onnela, J. P., Waber, B. N., Pentland, A., Schnorf, S., & Lazer, D. (2014). Using sociometers to quantify social interaction patterns. *Scientific Reports, 4*, 5604.

8. Mehl, M. R., Vazire, S., Ramírez-Esparza, N., Slatcher, R. B., & Pennebaker, J. W. (2007). Are women really more talkative than men? *Science, 317*, 82-82.

9. Klein, K. J., & Hodges, S. D. (2001). Gender differences, motivation, and empathic accuracy: When it pays to understand. *Personality and Social Psychology Bulletin, 27*, 720-730.

06 변화란 고통이다_통제 욕구

1. Craig, M. A., & Richeson, J. A. (2014). On the precipice of a "Majority-Minority" America perceived status threat from the racial demographic

shift affects white Americans' political ideology. *Psychological Science*, 0956797614527113.

2. Hafer, C. L., & Bègue, L. (2005). Experimental research on just-world theory: Problems, developments, and future challenges. *Psychological Bulletin, 131*, 128-167.

3. Kay, A. C., & Jost, J. T. (2003). Complementary justice: effects of" poor but happy" and" poor but honest" stereotype exemplars on system justification and implicit activation of the justice motive. *Journal of Personality and Social Psychology, 85*, 823-837.

4. Pierce, L.,Dahl, M. S., & Nielsen, J. (2013). In sickness and in wealth: Psychological and sexual costs of income comparison in marriage. *Personality and Social Psychology Bulletin, 39*, 359-374.

5. Kaukinen, C. (2004). Status compatibility, physical violence, and emotional abuse in intimate relationships. *Journal of Marriage and Family, 66*, 452-471.

6. Glick, P.,& Fiske, S. T. (2011). Ambivalent sexism revisited. *Psychology of Women Quarterly, 35*, 530-535.

7. Brandt, M. J., & Henry, P. J. (2012). Gender inequality and gender differences in authoritarianism. *Personality and Social Psychology Bulletin, 38*, 1301-1315.

8. Veenhoven, R. (2012). Social Development and Happiness in Nations (No. 2012-03). *ISD Working Paper Series*. Retrieved from http://hdl.handle.net/1765/50509

9. Berdahl, J. L., & Moon, S. H. (2013). Workplace mistreatment of middle class workers based on sex, parenthood, and caregiving. *Journal of Social Issues, 69*, 341-366.

10. Sullivan et al., (2012). Competitive victimhood as a response to accusations of ingroup harm doing. *Journal of Personality and Social Psychology, 102*, 778-795.

Part 5 이해하며 삽시다

01 나와 다른 사람들_자기중심적 생각

1. Fiske, S. T. (2004). *Social beings: A core motives approach to social psychology.* New York: Wiley.

2. Metcalfe, J., & Mischel, W. (1999). A hot/cool-system analysis of delay of gratification: dynamics of willpower. *Psychological Review, 106,* 3–19.

3. Diener, E., Suh, E. M., Lucas, R. E., & Smith, H. L. (1999). Subjective well-being: Three decades of progress. *Psychological Bulletin, 125,* 276–302.

4. Hagá, S., Garcia-Marques, L., & Olson, K. R. (2014). Too young to correct: A developmental test of the three-stage model of social inference. *Journal of Personality and Social Psychology, 107,* 994–1012.

5. 1과 같음

6. Bargh, J. A., Chen, M., & Burrows, L. (1996). Automaticity of social behavior: Direct effects of trait construct and stereotype activation on action. *Journal of Personality and Social Psychology, 71,* 230–244.

7. Galinsky, A. D., & Moskowitz, G. B. (2000). Perspective-taking: Decreasing stereotype expression, stereotype accessibility, and in-group favoritism. *Journal of Personality and Social Psychology, 78,* 708–724.

8. Dunning, D., Johnson, K., Ehrlinger, J., & Kruger, J. (2003). Why people fail to recognize their own incompetence. *Current Directions in Psychological Science, 12,* 83–87.

9. Campbell, T., O'Brien, E., Van Boven, L., Schwarz, N., & Ubel, P. (2014). Too much experience: A desensitization bias in emotional perspective taking. *Journal of Personality and Social Psychology, 106,* 272–285.

10. 4와 같음

11. Stoeber, J. (2014). How other-oriented perfectionism differs from self-oriented and socially prescribed perfectionism. *Journal of Psychopathology and Behavioral Assessment, 36,* 329–338.

02 절대로 절대적인 절대성_신념

1. Skitka, L. J. (2010). The psychology of moral conviction. *Social and Personality Psychology Compass, 4*, 267–281.

2. Guenther, C. L., & Alicke, M. D. (2008). Self-enhancement and belief perseverance. *Journal of Experimental Social Psychology, 44*, 706–712.

3. Lewandowsky, S., Gignac, G. E., & Oberauer, K. (2013). The role of conspiracist ideation and worldviews in predicting rejection of science. *PLoS One, 8*, e75637.

4. 3과 같음

5. Carrie Arnold. (2012. October 4). Diss information: Is there a way to stop popular falsehoods from morphing into "facts"? *Scientific American Mind*. Retrieved from http://www.scientificamerican.com/article/how-to-stop-misinformation-from-becoming-popular-belief/

6. Landrum, A. R., Mills, C. M., & Johnston, A. M. (2013). When do children trust the expert? Benevolence information influences children's trust more than expertise. *Developmental Science, 16*, 622–638.

03 정말로 도와주고 싶다면_선의와 오지랖

1. Beehr, T. A., Bowling, N. A., & Bennett, M. M. (2010). Occupational stress and failures of social support: when helping hurts. *Journal of Occupational Health Psychology, 15*, 45–59.

2. Bolger, N., Zuckerman, A., & Kessler, R. C. (2000). Invisible support and adjustment to stress. *Journal of Personality and social Psychology, 79*, 953–961.

3. Shellenbarger, S. (2012. November 27). Helping Parents Score on the Homework Front. *The Washington Post*. Retrieved from http://www.wsj.com/articles/SB10001424127887323330604578144992869380934

4. Taylor, S. E., Sherman, D. K., Kim, H. S., Jarcho, J., Takagi, K., & Dunagan, M. S. (2004). Culture and social support: Who seeks it and why? *Journal of Personality and Social Psychology, 87*, 354–362.

5. Brown, S. L., Nesse, R. M., Vinokur, A. D., & Smith, D. M. (2003). Providing social support may be more beneficial than receiving it results from a

prospective study of mortality. *Psychological Science, 14,* 320–327.

6. Horowitz, L. M., Krasnoperova, E. N., Tatar, D. G., Hansen, M. B., Person, E. A., Galvin, K. L., & Nelson, K. L. (2001). The way to console may depend on the goal: Experimental studies of social support. *Journal of Experimental Social Psychology, 37,* 49 – 61.

7. Trobst, K. K. (2000). An interpersonal conceptualization and quantification of social support transactions. *Personality and Social Psychology Bulletin, 26,* 971–986.

8. Marigold, D. C., Cavallo, J. V., Holmes, J. G., & Wood, J. V. (2014). You can't always give what you want: The challenge of providing social support to low self-esteem individuals. *Journal of Personality and Social Psychology, 107,* 56–80.

04 착한 일은 항상 좋은 걸까?_선행과 칭찬

1. Newman, G. E., & Cain, D. M. (2014). Tainted altruism: When doing some good is evaluated as worse than doing no good at all. *Psychological Science, 25,* 648–655.

2. 1과 같음

3. Leitner, J. B., Jones, J. M., & Hehman, E. (2013). Succeeding in the face of stereotype threat the adaptive role of engagement regulation. *Personality and Social Psychology Bulletin, 39,* 17–27.

4. Mueller, C. M., & Dweck, C. S. (1998). Praise for intelligence can undermine children's motivation and performance. *Journal of Personality and Social Psychology, 75,* 33–52.

5. Cosley, B. J., McCoy, S. K., Saslow, L. R., & Epel, E. S. (2010). Is compassion for others stress buffering? Consequences of compassion and social support for physiological reactivity to stress. *Journal of Experimental Social Psychology, 46,* 816–823.

6. Marigold, D. C., Cavallo, J. V., Holmes, J. G., & Wood, J. V. (2014). You can't always give what you want: The challenge of providing social support to low self-esteem individuals. *Journal of Personality and Social Psychology, 107,* 56–80.

05 그 사람 믿어도 될까?_신뢰

1. Fiske, S. T. (2004). Social beings: *A core motives approach to social psychology*. New York: Wiley.

2. 1과 같음

3. Klar, Y., & Giladi, E. E. (1997). No one in my group can be below the group's average: A robust positivity bias in favor of anonymous peers. *Journal of Personality and Social Psychology, 73*, 885-901.

4. Cuddy, A. J. C., Fiske, S. T., & Glick, P. (2008). Warmth and competence as universal dimensions of social perception: The stereotype content model and the BIAS map. *Advances in Experimental Social Psychology, 40*, 61-149.

5. Acar-Burkay, S., Fennis, B. M., & Warlop, L. (2014). Trusting others: the polarization effect of need for closure. *Journal of Personality and Social Psychology, 107*, 719-735.

6. Stavrova, O., & Ehlebracht, D. (2016). Cynical beliefs about human nature and income: Longitudinal and cross-cultural analyses. *Journal of Personality and Social Psychology, 110*, 116-132.

7. 4와 같음

8. Chapman, H. A., Kim, D. A., Susskind, J. M., & Anderson, A. K. (2009). In bad taste: Evidence for the oral origins of moral disgust. *Science, 323*, 1222-1226.

9. Oaten, M., Stevenson, R. J., & Case, T. I. (2009). Disgust as a disease-avoidance mechanism. *Psychological Bulletin, 135*, 303-321.

10. Navarrete, C. D., & Fessler, D. M. (2006). Disease avoidance and ethnocentrism: The effects of disease vulnerability and disgust sensitivity on intergroup attitudes. *Evolution and Human Behavior, 27*, 270-282.

11. Olatunji, B. O. (2008). Disgust, scrupulosity and conservative attitudes about sex: Evidence for a mediational model of homophobia. *Journal of Research in Personality, 42*, 1364-1369.

12. Wu, B. P., & Chang, L. (2012). The social impact of pathogen threat: How disease salience influences conformity. *Personality and Individual Differences, 53*, 50-54.

13. Murray et al., (2013). Pathogens and politics: Further evidence that parasite prevalence predicts authoritarianism. *PLoS ONE, 8,* e62275.

14. Hodson, G., & Costello, K. (2007). Interpersonal disgust, ideological orientations, and dehumanization as predictors of intergroup attitudes. *Psychological Science, 18,* 691-698.

15. Haslam, N. (2006). Dehumanization: An integrative review. *Personality and Social Psychology Review, 10,* 252-264.

06 함께 감정을 교류하다_공감 능력

1. Gilin, D., Maddux, W. W., Carpenter, J., & Galinsky, A. D. (2013). When to use your head and when to use your heart the differential value of perspective-taking versus empathy in competitive interactions. *Personality and Social Psychology Bulletin, 39,* 3-16.

2. Campbell, W. K., Foster, C. A., & Finkel, E. J. (2002). Does self-love lead to love for others?: A story of narcissistic game playing. *Journal of Personality and Social Psychology, 83,* 340-354.

3. Brunell, A. B., Gentry, W. A., Campbell, W. K., Hoffman, B. J., Kuhnert, K. W., & DeMarree, K. G. (2008). Leader emergence: The case of the narcissistic leader. *Personality and Social Psychology Bulletin, 34,* 1663-1676.

4. Hepper, E. G., Hart, C. M., & Sedikides, C. (2014). Moving narcissus: Can narcissists be empathic?, *Personality and Social Psychology Bulletin, 40,* 1079-1091.

5. Van Kleef et al., (2008). Power, distress, and compassion turning a blind eye to the suffering of others. *Psychological Science, 19,* 1315-1322.

6. Galinsky et al., (2008). Power reduces the press of the situation: implications for creativity, conformity, and dissonance. *Journal of personality and social psychology, 95,* 1450-1466.

7. Fiske, S. T. (1993). Controlling other people: The impact of power on stereotyping. *American Psychologist, 48,* 621-628.

8. Keltner, D., Gruenfeld, D. H., & Anderson, C. (2003). Power, approach, and inhibition. *Psychological Review, 110,* 265-284.

07 따뜻하기만 한 건 아니다_공감의 이면

1. Batson, C. D., Early, S., & Salvarani, G. (1997). Perspective taking: Imagining how another feels versus imaging how you would feel. *Personality and Social Psychology Bulletin, 23*, 751–758.

2. Campbell, T. H., & Kay, A. C. (2014). Solution aversion: On the relation between ideology and motivated disbelief. *Journal of Personality and Social Psychology, 107*, 809–824.

3. Maner, J. K., Luce, C. L., Neuberg, S. L., Cialdini, R. B., Brown, S., & Sagarin, B. J. (2002). The effects of perspective taking on motivations for helping: Still no evidence for altruism. *Personality and Social Psychology Bulletin, 28*, 1601–1610.

4. 7과 같음

5. Feinberg, M., Willer, R., Stellar, J., & Keltner, D. (2012). The virtues of gossip: reputational information sharing as prosocial behavior. *Journal of Personality and Social Psychology, 102*, 1015–1030.

6. Feinberg, M., Willer, R., & Schultz, M. (2014). Gossip and ostracism promote cooperation in groups. *Psychological Science, 25*, 656–664.

지은이
박진영

사회심리학 읽어주는 사람. 삶에 유익하고 도움이 되는 심리학 연구들을 정확하고 이해하기 쉽게 풀어내 사람들과 나누는 일을 좋아한다. 앞으로도 이 일을 잘하고 싶다는 작은 소망이 있다. 연세대학교에서 사회 및 성격심리학 석사학위를 받았다. 현재는 통계학을 공부하고 있다. 최신 심리학 연구를 통해 자존감 및 관계에 대해 이야기한 책《눈치 보는 나, 착각하는 너》《심리학 일주일》을 썼고, 〈과학동아〉〈청년의사신문〉 등에 칼럼을 연재했다.

이 책에는 고통과 적응, 자기 자신과 타인에 대한 이해, 삶과 스스로에 대한 너그러운 태도, 성숙 등에 관한 심리학 연구들을 담았다. 직접 겪었던 일과 감정을 토대로 이야기를 풀어내 더욱 깊이 있고 마음에 와 닿는 심리학을 만날 수 있을 것이다.

나를사랑하지
않는 나에게
© 박진영 2016

2016년 4월 15일 초판 1쇄 발행
2019년 8월 1일 초판 9쇄 발행

지은이 | 박진영
발행인 | 윤호권

발행처 | (주)시공사
출판등록 | 1989년 5월 10일(제3-248호)

주소 | 서울시 서초구 사임당로 82(우편번호 06641)
전화 | 편집(02)2046-2861 · 마케팅(02)2046-2894
팩스 | 편집 · 마케팅(02)585-1755
홈페이지 | www.sigongsa.com

ISBN 978-89-527-7603-7 03180